essentials

essentials liefern aktuelles Wissen in konzentrierter Form. Die Essenz dessen, worauf es als „State-of-the-Art" in der gegenwärtigen Fachdiskussion oder in der Praxis ankommt. *essentials* informieren schnell, unkompliziert und verständlich

- als Einführung in ein aktuelles Thema aus Ihrem Fachgebiet
- als Einstieg in ein für Sie noch unbekanntes Themenfeld
- als Einblick, um zum Thema mitreden zu können

Die Bücher in elektronischer und gedruckter Form bringen das Fachwissen von Springerautor*innen kompakt zur Darstellung. Sie sind besonders für die Nutzung als eBook auf Tablet-PCs, eBook-Readern und Smartphones geeignet. *essentials* sind Wissensbausteine aus den Wirtschafts-, Sozial- und Geisteswissenschaften, aus Technik und Naturwissenschaften sowie aus Medizin, Psychologie und Gesundheitsberufen. Von renommierten Autor*innen aller Springer-Verlagsmarken.

Marie Ottilie Frenkel · Carolin Krupop ·
Violetta Oblinger-Peters

Mit Sportpsychologie durch Grenzsituationen:

Psychologische Flexibilität am
Beispiel des Extremsports

 Springer

Marie Ottilie Frenkel
Institut für Sport und Sportwissenschaft
Universität Heidelberg
Heidelberg, Deutschland

Carolin Krupop
Institut für Sport und Sportwissenschaft
Universität Heidelberg
Heidelberg, Deutschland

Violetta Oblinger-Peters
Institut für Sportwissenschaft
Universität Bern
Bern, Schweiz

ISSN 2197-6708   ISSN 2197-6716 (electronic)
essentials
ISBN 978-3-658-26851-0   ISBN 978-3-658-26852-7 (eBook)
https://doi.org/10.1007/978-3-658-26852-7

Die Deutsche Nationalbibliothek verzeichnet diese Publikation in der Deutschen Nationalbibliografie; detaillierte bibliografische Daten sind im Internet über https://dnb.d-nb.de abrufbar.

Planung/Lektorat: Marion Kraemer
Springer ist ein Imprint der eingetragenen Gesellschaft Springer Fachmedien Wiesbaden GmbH und ist ein Teil von Springer Nature.
Die Anschrift der Gesellschaft ist: Abraham-Lincoln-Str. 46, 65189 Wiesbaden, Germany

Was Sie in diesem *essential* finden können

- Die Eigenarten des Extremsports: Dieser Sport ist extrem!
- Grenzsituationen erfordern Außerordentliches von Menschen: Diejenigen, die sich auf so etwas einlassen, müssen ja verrückt sein!?
- Aber: Durch Achtsamkeit ist selbst Extremsport erlern- und trainierbar!
- Extremsport wirkt von außen betrachtet extrem, aber von innen wird er anders erlebt: In Grenzsituationen erleben ExtremsportlerInnen, was es heißt, achtsam zu sein und erkennen ihre „Choice Points".
- Was wir von ExtremsportlerInnen für unsere alltäglichen, kleinen und großen Grenzsituationen lernen können.

Danksagung

Besonderen Dank möchten wir Matthias Beutel für die grafische Aufbereitung der Abbildungen aussprechen.

Inhaltsverzeichnis

Einleitung

Ein Speed-Skifahrer, der mit fast 250 km/h 100 % steile Hänge hinunterschießt, zwei Streifenpolizisten, die nach einem Amokalarm an einer Schule als Erste an einem Einsatzort ankommen, ein Personenschützer, der in Kabul für die Sicherheit eines Botschafters verantwortlich ist und eine Notfallmedizinerin, die mit dem Helikopter Schwerverletzte nach einem Massenunfall birgt. Was haben all diese Menschen gemeinsam? Sie alle üben Tätigkeiten und Berufe aus, in denen Grenzsituationen mit großer Wahrscheinlichkeit gehäuft auftreten. Eine Grenzsituation ist umgangssprachlich ein ungewöhnlicher Umstand, zu dessen Bewältigung übliche Maßnahmen und Mittel nicht ausreichen. Grenzsituationen treten in *extremen Umwelten* (*extreme environments;* Paulus et al., 2009) vermehrt auf. Extreme Umwelten sind dadurch charakterisiert, dass die Umgebung hochdynamisch ist und herausfordernde, risikoreiche Ereignisse umfasst. Die Dynamik in extremen Umwelten führt dazu, dass sich die Umgebung in Sekundenbruchteilen verändern kann und ein großer Teil der äußeren Bedingungen unkontrollierbar ist. Besonders herausfordernd daran ist, dass man extreme Erfahrungen im Alltag nur schwer erleben, simulieren oder üben kann. Extrem ist in Grenzsituationen vor allem das Ausmaß der Konsequenzen, die auf den kleinsten Fehler, auf eine potenziell suboptimale Entscheidung und Handlung folgen können. Im Falle des Skifahrers betrifft es die eigene körperliche Unversehrtheit, im Falle der Polizisten, des Personenschützers oder der Ärztin noch zusätzlich die anderer Menschen, für welche man sich aber verantwortlich und zuständig fühlt.

Der Psychiater und Neurowissenschaftler Martin P. Paulus und sein Team beforschen menschliche Reaktionen in extremen Umwelten mit einer grundlagenwissenschaftlichen Orientierung (Paulus et al., 2009). Unsere Heidelberger sportpsychologische Arbeitsgruppe widmet sich dem Thema stärker aus anwendungsorientierter Sicht, wobei wir Trainings für den Umgang mit Grenzsituationen entwickeln. Weil in extremen Umwelten Ressourcen erschöpft werden und

M. O. Frenkel et al., *Mit Sportpsychologie durch Grenzsituationen:*, essentials, https://doi.org/10.1007/978-3-658-26852-7_1

starke psychophysiologische Stressreaktionen erlebt werden, ist nachvollziehbar, dass sich viele Menschen äußerst ungern freiwillig in Grenzsituationen begeben. Dabei fällt allerdings auf, dass es auch Gruppen von Menschen gibt, die ganz bewusst und sogar gezielt extreme Umwelten aufsuchen, zum Beispiel indem sie sich einen der oben genannten Berufe aussuchen. Solche Berufsfelder findet man im Kontext von Einsatzkräften bei der Polizei (Frenkel, et al., 2022; Frenkel, Giessing, Jaspert, et al., 2021; Frenkel, Giessing, Egger, et al., 2021; Giessing et al., 2019; Giessing et al., 2020), dem Militär (Linssen et al., 2022) oder dem Personenschutz (Köhler, 2020), im Kontext von medizinischer Bergung und Rettung (Baetzner et al., 2022; Hill et al., submitted) oder auch im Extremsport (Gerwan et al., 2023; Frenkel et al., 2023; Frenkel, Brokelmann, et al., 2019; Frenkel, Laborde et al. 2019; Frenkel et al., 2018, Jackman et al., 2020; Mc Ewan, et al., 2019). Sowohl die system- und gesellschaftsrelevanten Berufe als auch der Extremsport erfordern in Grenzsituationen den Abruf von gut trainierten (motorischen) Fertigkeiten unter widrigen Bedingungen. In allen Fällen müssen die AkteurInnen Bewegungsabläufe abrufen, die sie in unzähligen Trainingsstunden einstudiert haben. Im Ernstfall aber ist der Druck enorm und es kann Stress entstehen, denn es stehen Menschenleben auf dem Spiel. Daher ist minutiöse Vorbereitung und gutes Training in extremen Umwelten besonders wichtig. Im Nachfolgenden fokussieren wir uns insbesondere auf die Menschen, die in extremen, risikoreichen, sportlichen Situationen gute Entscheidungen treffen und effizient handeln und versuchen herauszufinden, was wir von diesen ExtremsportlerInnen lernen können.

Sportpsychologische Forschung ermöglicht es, die Persönlichkeit und die Reaktionen von ExtremsportlerInnen, die (vermeintlich) häufig hohem Leistungsdruck und Stress ausgesetzt sind, genauer zu betrachten.

- Was zeichnet ExtremsportlerInnen aus? Tolerieren Sie Grenzsituation besser als andere Menschen? Suchen sie diese Situationen gezielt auf? Kann dies durch bestimmte psychologische oder physiologische Faktoren erklärt werden?
- Welchen Mehrwert bietet Psychologische Flexibilität für ExtremsportlerInnen? Und wie genau kann Achtsamkeit in Grenzsituationen umgesetzt werden?

Das vorliegende *essential* soll Antworten auf all diese Fragen liefern und aufzeigen, wie viel mehr dahinter steckt. Inwiefern kann sogar Jede/r von uns von dem Wissen und den Fertigkeiten von ExtremsportlerInnen profitieren?

ExtremsportlerInnen in Grenzsituationen

2

Was sind Grenzsituationen? Sie erfordern Außergewöhnliches von Menschen. Diejenigen, die so etwas freiwillig machen, müssen ja verrückt sein!? Was zeichnet ExtremsportlerInnen vermeintlich aus? Und was sagt der aktuelle Forschungsstand dazu? Fragen, auf die es innerhalb der nächsten Seiten Antworten für Sie geben wird. Das Thema „Psychologie des Extremsports" ist nicht nur ein spannendes, sondern auch ein viel beforschtes.

Bei Extremsport handelt es sich im Wesentlichen um Aktivitäten, die in der Regel als Abenteuersportarten eingestuft werden und bei denen ein Fehler mit erhöhter Wahrscheinlichkeit zum Tod führt (Kopp et al., 2016). Es gibt viele verschiedene Extremsportarten: Drachenfliegen, Gleitschirmfliegen, BASE-Jumping, Wingsuit-Springen, Speed-, Free Solo oder Eisklettern, Skifahren im Gelände, Apnoe- oder Eistauchen, Surfen, Wildwasser-Rafting und Kajakfahren sind nur einige davon. Manche Disziplinen sind gefährlicher als andere, da die Wahrscheinlichkeit des Todes zwischen den Elementen Luft, Wasser und Eis sehr unterschiedlich ist, aber das Risiko, die körperliche Unversehrtheit zu verlieren, teilen sie alle.

2.1 Was zeichnet ExtremsportlerInnen vermeintlich aus?

Besonders spannend ist die Frage, was Extremsport den Menschen bietet, die sich bewusst für diesen entscheiden und die Grenzsituationen im Sport immer wieder in Kauf nehmen. Weit verbreitete Annahmen sind, dass die meisten ExtremsportlerInnen jung, männlich und hoch risikofreudig sind. Dass es ihnen nur um die Ausschüttung von Adrenalin und weiteren körpereigenen Glückshormonen geht. Man sagt Ihnen nach, sie seien „Adrenalin-Junkies", denen es im Grunde, nur darum geht, einen Kick zu bekommen. Das Problem mit diesen Klischees über

M. O. Frenkel et al., *Mit Sportpsychologie durch Grenzsituationen:*, essentials, https://doi.org/10.1007/978-3-658-26852-7_2

ExtremsportlerInnen ist, dass sie in den meisten Fällen nicht zutreffen, sondern auch dazu führen, dass Extremsportarten in einer Weise betrachtet werden, dass sich ein Großteil der Menschen nicht vorstellen kann Extremsport auszuüben. Diese Sichtweise kann äußerst schädlich sein, insbesondere wenn man bedenkt, dass Extremsportarten nachweislich zugänglicher sind und sich positiver auf die Persönlichkeit auswirken als herkömmliche Wettkampfsportarten, wie wir bei unseren Recherchen für dieses Buch festgestellt haben (Brymer, 2017; Brymer & Schweitzer, 2020; Brymer & Schweizer, 2017). Bis zu einem gewissen Grad zeigen Studien, dass an den oben genannten Punkten etwas Wahres dran ist, aber auch, dass es insgesamt ein viel komplexeres Bild ist. Seit vielen Jahren versuchen WissenschaftlerInnen herauszufinden, warum Menschen Extremsport ausübern und es scheint vielfältige Gründe zu geben.

2.2   Was passiert wirklich? Psychologische und physiologische Prozesse im Extremsport

Ein recht viel untersuchter Erklärungsansatz für die Teilnahme am Extremsport ist die Persönlichkeitseigenschaft *Sensation Seeking*. Sensation Seeking steht für die Suche nach „abwechslungsreichen, neuartigen, komplexen und intensiven Erlebnissen und die Bereitschaft … Risiken dafür in Kauf zu nehmen" (Zuckerman, 1994, S. 27). Insbesondere der Gruppe der High Sensation Seeker wird ein hoch adaptives Nervensystem und eine Vorliebe für ein hohes Aktivationsniveau zugesprochen (Breivik, 1999; Frenkel et al., 2018, 2019; Zuckerman 1994, 1996). Marvin Zuckerman (1994, 1996) schlägt als Erklärung dafür das *Psychobiologische Modell* vor, in welchem er bestimmte physiologische, psychologische und verhaltensbezogene Reaktionen auf Grenzsituationen annimmt. Low Sensation Seeker sollen in extremen Umwelten überwältigt reagieren, weil ihre zentralnervöse Aktivität sinkt, sie Angst erleben und sich gestresst fühlen. In der Folge sollte ihr Umgang mit den Reizen in der Grenzsituation suboptimal sein. High Sensation Seeker scheinen hingegen auf intensive Stimulation in extremen Umwelten positiv zu reagieren. Ihre zentralnervöse Aktivität nimmt zu, anstelle von Angst und Stress erleben sie sogar Wohlbefinden. Weil High Sensation Seeker eine potenziell gefährliche Situation sogar als belohnend erleben, sollten sie infolgedessen mit der Grenzsituation wirksam umgehen. Hinzu kommt, dass die niedrigen Ausgangsniveaus des Glückshormons Dopamin und des Stresshormons Norepinephrin High Sensation Seeker dazu bringen, Grenzsituationen verstärkt aufzusuchen, um auf ein Normalniveau in den genannten Botenstoffen zu kommen.

Empirische Studien untersuchen den Zusammenhang zwischen Sensation See-king, physiologischen Stressreaktionen und dem Umgang mit Stress. Bei Highschool-SportlerInnen wurden bezogen auf Sensation Seeking und Stressbe-wältigung stresspuffernde Effekte bei High Sensation Seekern berichtet (Smith et al., 1992). In einer Laborstudie mit experimentellem Design konzipierte Gun-nar Breivik (1999) eine Grenzsituation, in der das wahrgenommene physische Risiko hoch war. Die Teilnehmer wurden, in einem Wildwasser-Kajak sitzend, von einem 5 m hohen Sprungturm in ein Schwimmbecken gestoßen. Low Sen-sation Seeker zeigten hierbei veränderte physiologische Reaktionen, wie eine signifikant höhere Herzrate beim Betreten der Plattform und eine erhöhte Aus-schüttung des Stresshormon Cortisol. Dies interpretierte die Forschergruppe als inadäquate Reaktion auf den sportspezifischen Stressauslöser. In weiteren experi-mentellen Studien aus unserem Arbeitskreis simulierten wir eine Grenzsituation an einer Kletterwand mit einem Sprung ins Seil (Heidelberger Risiko Sportspe-zifischer Stress Test, HRSST; Frenkel et al., 2018). In Reaktion auf den HRSST schütteten die High Sensation Seeker verglichen mit den Low Sensation Seeker weniger Cortisol aus und wiesen eine bessere Kletterleistung auf (Frenkel et al., 2018). High Sensation Seeker schienen durch die intensive Stimulation weniger gestresst zu sein und erbrachten dadurch bedingt bessere sportliche Leistungen.

2.3 Trainierbarkeit: Welche Fertigkeiten benötigen ExtremsportlerInnen, um erfolgreich mit Grenzsituationen umzugehen?

Neben dem Psychobiologischen Modell (s. Abschn. 2.2) gibt es weitere andere anerkannte Konzepte, die die Teilnahme am Extremsport und den erfolgreichen Umgang mit Grenzsituationen erklären. Eines ist die Idee des *Edge Work* (Bry-mer & Houge Mackenzie, 2017). Im Wesentlichen handelt es sich dabei um die Annahme, dass Menschen, die sich einer Tätigkeit in Grenzsituationen widmen, sehr präzise und akribisch arbeiten müssen, um dabei körperlich unversehrt zu bleiben. Betrachten wir zum Beispiel Felskletterer wie Alex Honnold, der den El Capitan im Yosemite Nationalpark erklimmt. Ein Moment der Unaufmerksam-keit, eine unüberlegte Entscheidung oder ein falscher Schritt hätten verheerende Konsequenzen. Es sind vor allem die Präzision, die völlige Hingabe und die Kon-zentration, die solchen ExtremsportlerInnen Sicherheit bieten. Und wenn wir ihre Persönlichkeit studieren, stellen wir fest, dass sie bemerkenswert perfektionisti-sche Menschen sind, die sehr systematisch vorgehen. Das führt dazu, dass sie in Grenzsituationen nur handeln, wenn sie sicher genug sind, keine Fehler zu machen.

Es existieren auch noch einige ältere, zum Teil weniger anerkannte Modelle, die die Beweggründe der Teilnahme am Extremsport erklären. Dazu gehört das psychoanalytische Konzept von Thanatos, dem sogenannten „Todestrieb" (Peglau, 2017). Es besagt, dass es Menschen gibt, die einfach nur an die Grenze gehen wollen, weil sie eine Art Sog verspüren, der sie in Richtung Tod zieht. Aber letztlich ist dieses Konzept weitgehend diskreditiert worden, vor allem für diejenigen, die sich auf vernunftvolle und gesunde Weise mit dem Extremsport beschäftigen. Es ist wahrscheinlich, dass einige Menschen risikofreudiges Verhalten, wozu auch das Ausüben von Extremsportarten zählen könnte, auf eine eher pathologische Art und Weise an den Tag legen. Interessant ist zudem, dass wir bei der Untersuchung von Extremsportarten eine Reihe wirklich positiver Eigenschaften feststellen können, die durch sie befördert werden. Sie erzwingen und lehren die oben beschriebene Art von methodischem Lernen und genauer Vorbereitung, höchste Präzision und perfekter Ausführung. Daneben existieren weitere Konzepte. Es gibt Gipfelerlebnisse (*Peak Experiences*, Bowers, 2017) bei denen man in einen Flow gelangt, in dem man sich völlig auf das einlässt, was man gerade tut. Ein Zustand, der lehrreich und meditativ sein kann. Es gibt demnach eine Reihe positiver Zustände, die das Leben der Menschen, die sich mit Extremsport beschäftigen, wirklich bereichern. Tatsächlich sehen wir zum Beispiel eine Abnahme von Egozentrismus und verstärkte Wertschätzung für die Natur und Umwelt sowie ein stärkeres Bedürfnis, sich für andere Menschen statt nur für sich selbst einzusetzen (*Nature Connectedness;* Brymer & Gray, 2009). Das intensive Erleben der Natur, das sich einstellt, wenn man den Naturgewalten ausgesetzt ist, z. B. beim Base Jumpen von einer Klippe, beim Klettern auf einen Felsen im Yosemite Park oder beim Surfen auf großen Wellen, scheint dieses Bewusstsein zu schärfen.

Wie wir in Kap. 2 zeigen konnten, gibt es also viel Positives an der Psychologie des Extremsports. Daher möchten wir mit diesem *essential* dazu aufrufen, vom Extremsport zu lernen, Grenzsituationen mit Bedacht und Akribie anzugehen. Auch möchten wir die oben genannten Vorurteile gegenüber Menschen, die Extremsport ausüben, hinterfragen und stattdessen die Hintergründe besser beleuchten.

Achtsamkeit im Extremsport

Welchen Mehrwert bietet Achtsamkeit für ExtremsportlerInnen? Und wie genau kann Achtsamkeit in Grenzsituationen umgesetzt werden? Ein übergreifendes Modell zur Psychologischen Flexibilität kann diese Fragen gut einordnen. ExtremsportlerInnen berichten in einer Reihe von Beispielen, wie sie die Prozesse aus dem Modell in Grenzsituationen erlebt haben. Wir erläutern die Zusammenhänge aus sportpsychologischer Sicht.

Achtsamkeit bezeichnet eine spezifische Form der Aufmerksamkeitslenkung mit drei zentralen Merkmalen (Kabat-Zinn, 1990):

- Die Aufmerksamkeit wird auf den *gegenwärtigen Moment* gerichtet.
- Dies geschieht auf *bewusste Art und Weise.*
- Die mentale *Haltung,* die dabei eingenommen wird, ist *akzeptierend.*

Der Fokus auf den *gegenwärtigen Moment* umfasst die Fertigkeit eines Menschen, seine Aufmerksamkeit auf die inneren und äußeren Prozesse zu richten, die im Hier und Jetzt ablaufen. Im Vordergrund steht dabei ein hohes *Gewahrsein* (d. h., sich selbst mit den eigenen körperlichen Empfindungen, Gedanken und Gefühlen bewusst wahrzunehmen, also ein selbst – bewusstes Wahrnehmen).

Die *bewusste Lenkung der Aufmerksamkeit* setzt die Beobachtungsfähigkeit voraus, zu bemerken, worauf die eigene Aufmerksamkeit aktuell gerichtet ist. Liegt die Aufmerksamkeit nicht auf dem gegenwärtigen Moment, sondern auf Ereignissen in der Vergangenheit oder Zukunft, kann sie wieder gezielt zur sportlichen Handlung zurückgelenkt werden.

Akzeptanz umfasst die beiden Merkmale Offenheit und Bewertungsfreiheit. Offenheit bedeutet, körperliche Empfindungen, Gedanken und Gefühle zuzulassen und ihnen mit „kindlicher Neugierde" zu begegnen. Dieser Prozess geschieht bewertungsfrei, also ohne eine Kategorisierung in gut, schlecht, positiv, negativ,

M. O. Frenkel et al., *Mit Sportpsychologie durch Grenzsituationen:*, essentials, https://doi.org/10.1007/978-3-658-26852-7_3

erwünscht oder unerwünscht. Alle Bewusstseinsinhalte haben erst einmal Berechtigung und dürfen existieren und in ihrem ganz individuellen Tempo kommen und wieder gehen.

3.1 Warum ist Achtsamkeit im Extremsport nützlich?

Im Sport heißt es häufig „Ich brauche einen klaren Kopf". Damit ist gemeint, dass sich das was im Kopf passiert, im Idealfall ausschließlich auf die sportliche Aufgabe beschränken soll. Vor allem in stressreichen Situationen gilt dieses Merkmal als vermeintliche Qualität erfolgreicher SportlerInnen. Aber kann das wirklich gelingen? Versuchen Sie einmal in einem Experiment, diesen Zustand zu simulieren. *Stellen Sie sich einen Timer über eine Minute und nehmen sich vor, in dieser Zeit keine Gedanken zu haben und dadurch einen klaren Kopf zu bekommen.* Überprüfen Sie im Anschluss, wie gut Ihnen das gelungen ist. Wahrscheinlich werden Sie feststellen, dass es nicht möglich war, keine Gedanken zu haben. Und vermutlich war der Moment, in dem Sie sich bestimmter Inhalte bewusst geworden sind, wieder in einem eigenen Gedanken ausformuliert (z. B. die Beobachtung einer Ablenkung und der anschließende Gedanke „Oh, ich muss mich wieder auf die Aufgabe konzentrieren!"). Aber wieso ist das so? Menschen können nicht nicht denken. Versuchen wir, bestimmte Gedanken zu vermeiden, rücken sie erst recht in unseren Fokus. Versuchen wir, uns ausschließlich bestimmte Gedankeninhalte zu vergegenwärtigen, treten gleichzeitig auch andere körperliche Empfindungen, Gedanken und Gefühle in unser Bewusstsein. Der beabsichtigte Prozess dreht sich also um. In der Psychologie sprechen wir von einem *Ironischen Prozess:* Entgegen unserer eigentlichen Absicht können wir mentale Abläufe nicht kontrollieren (Wegner, 1994). Um Reize in unserem Inneren und um uns herum vermeiden zu können, müssen sie vorab bewusst identifiziert werden. Dies ist ein aufwändiger Suchprozess, der die Aufmerksamkeit genau auf diese Reize lenkt, anstatt von ihnen weg (Janelle, 1999; Wegner, 1994).

„Einen klaren Kopf" zu bekommen kann aus achtsamer Perspektive aber trotzdem gelingen! Das Ziel von Achtsamkeit ist nicht, negative Gefühle zu verdrängen und nur positive Gefühle haben zu wollen. Achtsamkeit dient weder der Ablenkung noch ist es eine ausschließliche Entspannungsmethode (Harris, 2009; Kabat-Zinn, 2015). Achtsamkeit schult als eine Form der bewussten Aufmerksamkeitslenkung einen charakteristischen Umgang mit auftretenden inneren Prozessen. Mit einer mentalen Haltung, die offen, neugierig, nicht-wertend und im gegenwärtigen Moment geschieht. Dadurch, dass wir auf diese Art und Weise auftretenden körperlichen Empfindungen, Gedanken und Gefühlen begegnen und ihnen Berechtigung geben, müssen wir aber nicht unmittelbar auf sie reagieren (Kabat-Zinn, 2015). Stattdessen können wir uns dazu entscheiden, unsere Aufmerksamkeit unabhängig von ihrer Existenz auf wichtige Reize in und um uns herum zu lenken. Damit gelingt es uns, relevante Situationsmerkmale zu berücksichtigen und uns beispielsweise auf Inhalte zu fokussieren, die für die Ausführung einer sportlichen Aufgabe wichtig sind und so das Maximum unserer Kapazitäten auszuschöpfen. So einfach, wie es sich in der Theorie anhört, so herausfordernd kann diese Aufgabe allerdings in der Umsetzung in Alltagssituationen und vor allem auch im sportlichen Kontext sein. Warum bietet Achtsamkeit im Extremsport nun konkret eine Chance für SportlerInnen?

Unser Kopf arbeitet ständig. Als evolutionäres Erbe haben wir eine Art „Sicherheit-geht-vor-Voreinstellung" übernommen. Das bedeutet, dass wir unentwegt Ausschau nach potenziellen Gefahren halten, um uns vor ihnen zu schützen und uns vor Schmerz oder Schaden zu bewahren. Ausgehend von einer Interaktion zwischen Person und Situation, muss sich im Extremsport unser Kopf, zusätzlich zur Ausführung der sportlichen Aufgabe, mit einer (potenziell bedrohlichen) Reiz- und Anforderungsdichte auseinandersetzen (Paulus et al., 2009; Röthlin et al., 2016). Für ExtremsportlerInnen kann eine herausfordernde Aufgabe z. B. in einem anspruchsvollen Sprung auf einer Downhill Mountainbike Strecke oder in einer Route im Free Solo Klettern bestehen, die sie an die Grenzen ihrer Fähigkeiten bringt. Aufgrund der großen Menge an Reizen um uns herum, kann es leicht passieren, dass unsere Aufmerksamkeit weg von aufgabenrelevanten Reizen, hin zu aufgaben-irrelevanten und ablenkenden Reizen wandert *(Attentional Control Theory;* Derakshan & Eysenck, 2009). Auch kann es passieren, dass wir unter belastenden Bedingungen unsere Aufmerksamkeit nach innen und auf motorische Bewegungselemente richten, die normalerweise automatisiert ablaufen, ohne dass wir darüber nachdenken müssen. Dies kann eine erfolgreiche Bewegungsausführung einschränken (*Theory of Reinvestment;* Masters, 1992).

Da wir als Menschen lernende Lebewesen sind, werden ständig neue Informationen in ein im Gehirn bereits bestehendes Netzwerk eingespeist, Neuronen-Verbindungen werden hergestellt und an vorhandene Erfahrungen angeknüpft (*Relational Frame Theory;* Hayes et al., 2001). Dies bedeutet im Rückschluss, dass durch die Aktivierung eines Knotens im neuronalen Netzwerk auch andere Verbindungen mitaktiviert werden. Zudem werden negative und bedrohliche Inhalte in unserem Gehirn differenzierter eingeordnet und verarbeitet als positive Ereignisse. Daraus ergibt sich ein Erinnerungsvorteil für negative Reize im Vergleich zu positiven Reizen (Alves et al., 2015; Unkelbach et al., 2008). Bezogen auf die evolutionär begründete „Sicherheit-geht-vor-Voreinstellung" ist das ein sinnvoller Mechanismus, um passende Schutzreaktionen auszuführen, falls sie notwendig werden.

Aufgrund der Verbindungen im Gehirn ist es zudem wahrscheinlich, dass einschränkende Annahmen über das Selbstkonzept, limitierende Regeln, Glaubenssätze und Bewertungsprozesse in Grenzsituationen, wie sie im Extremsport vorkommen, mit aktiviert werden. Zeigen wir das sogenannte Vermeidungsverhalten, versuchen wir also, alle diese Inhalte zu umgehen, sie zu kontrollieren oder zu unterdrücken, rücken sie nur noch stärker in den Fokus der Aufmerksamkeit (Harris et al., 2009). Auch steigt die Wahrscheinlichkeit, dass wir uns selbst über aufkommende, meist belastende, Gedanken und Gefühle in der konkreten Situation definieren und sie nicht mehr differenziert und mit Abstand betrachten können (Harris et al., 2009). Dieser un-achtsame Umgang mit unangenehmen körperlichen Empfindungen, Gedanken und Gefühlen und deren direkte Bewertung führen dazu, dass sich diese paradoxerweise verstärken, anstatt, wie intendiert, zu verschwinden. Unsere Kapazitäten sind mit erfolglosem Vermeidungsverhalten ausgelastet. Gepaart mit dem Verlust unserer Fertigkeit, uns von belastenden Inhalten unserer Gedanken und Gefühle zu trennen, schwinden die Kapazitäten, die wir für eine erfolgreiche Ausführung der aktuellen Aufgabe zur Verfügung haben. Wir verlieren die Zielorientierung und widmen uns ineffektiven Verhaltensweisen, die für die Ausführung der eigentlichen sportlichen Aufgabe dysfunktional sind (s. Abb. 3.1). Auch fehlen uns ausreichend Kapazitäten, um unser Handeln flexibel an die Situationsbedingungen anzupassen und angemessen reagieren zu können. Insgesamt verschiebt sich unsere Aufmerksamkeit weg von der eigentlichen Aufgabe im gegenwärtigen Moment. Anstatt achtsam zu handeln, werden wir reaktiv. Dies kann zu Leistungseinbußen bis hin zu *Choking,* einem kompletten Leistungseinbruch (Mesagno & Beckmann, 2017), führen. Insbesondere im Extremsport ist Choking ein gefährlicher Zustand, der ernstzunehmende, teilweise lebensbedrohliche Konsequenzen haben kann.

Achtsamkeit schult einen qualitativ anderen Umgang mit diesen körperlichen Empfindungen, Gedanken und Gefühlen und den stressauslösenden Reizen, die im Extremsport auftauchen können. Beim aktuellen Stand der Forschung zeigen achtsame SportlerInnen eine verbesserte Selbstregulationsfähigkeit (Röthlin et al., 2016), eine höhere Bereitschaft, neben angenehmen, auch unangenehme Emotionen zu erleben und befinden sich weniger häufig in negativen, diffusen Gedankenschleifen (Josefsson et al., 2017). Zudem zeigen sie eine höhere Bereitschaft, sich mit unangenehmen Situationen zu konfrontieren (Bühlmayer et al., 2017). Für die Ausübung von Extremsport ist das ein potenzieller Vorteil, da das Auftreten unangenehmer körperlicher Empfindungen, Gedanken und Gefühle in diesem Kontext sehr wahrscheinlich und teilweise unvermeidbar ist.

Abb. 3.1 Bedeutung dysfunktionaler Aufmerksamkeitsprozesse im Sport und Ansatzpunkt für Achtsamkeit im Sport

Insgesamt können wir also annehmen, dass achtsame SportlerInnen potenziell eine bessere Leistung im (Extrem-)Sport zeigen und mit den auftretenden Herausforderungen auf eine flexiblere und funktionalere Art und Weise umgehen können. Diesen achtsamen SportlerInnen wird die Fertigkeit der Psychologischen Flexibilität zugeschrieben. Im Folgenden wird die Psychologische Flexibilität ausführlich erklärt.

3.2 Psychologische Flexibilität: Offenheit und aktives Handeln im gegenwärtigen Moment

Psychologische Flexibilität ist das zentrale Konzept des *Acceptance Commitment Ansatzes* (*ACT;* Harris, 2009), der auch in der Sportpsychologie Einzug gehalten hat (Gardner & Moore, 2012). Psychologische Flexibilität ist ein achtsamkeitsbasiertes Konzept und bedeutet in einfachen Worten „präsent sein, sich öffnen und das tun, was wichtig ist" (Harris, 2009, S. 12).

1. *Präsent sein* meint, den Fokus der Aufmerksamkeit auf den gegenwärtigen Moment zu richten. Dazu gehört das bewusste Beobachten innerer und äußerer Ereignisse, unter Berücksichtigung des Kontextes, in dem diese Ereignisse stattfinden. Der Fachbegriff dafür ist in ACT *funktionaler Kontextualismus*.
2. *Sich öffnen* umfasst die Fähigkeit, alle körperlichen Empfindungen, Gedanken und Gefühle wahrzunehmen, zu beobachten und differenzieren zu können, ohne direkt darauf reagieren zu müssen. Das bedeutet, jegliche Ereignisse

nicht als positiv und negativ zu bewerten, oder diese vermeiden, loswerden oder verändern zu wollen. Dies kann gelingen, indem eine akzeptierende Haltung eingenommen wird. Denn im Sinne der eigenen Werte kann jede Art von körperlichen Empfindungen, Gedanken und Gefühlen auftreten, unabhängig davon, ob sie als angenehm oder unangenehm empfunden werden.

3. *Tun was wichtig ist* setzt voraus, dass wir unsere eigenen Werte kennen und wissen, worauf es ankommt. Dadurch wird engagiertes Handeln gemäß der eigenen Werte möglich. Besonders diese dritte Facette unterstreicht die handlungsoriernтierte Komponente der Psychologischen Flexibilität, über den reinen Achtsamkeitsbegriff hinaus! Über eine offene, präsente und nicht-wertende Haltung hinaus geht es darum, ins Handeln zu kommen und aktives, engagiertes und wirkungsvolles Handeln in der konkreten Situation zu zeigen.

Das Ziel von ACT ist es, die Psychologische Flexibilität zu stärken. Die Annahme dabei ist, dass mit zunehmender Psychologischer Flexibilität die Lebensqualität sowie unsere Fähigkeit, flexibel auf Herausforderungen und Probleme zu antworten, steigt(Harris, 2009). Ebenso zeigt eine erhöhte Psychologische Flexibilität positive Effekte auf unsere mentale Gesundheit und das persönliche Wohlbefinden (Gloster et al., 2017). Wir lassen uns bei unseren Handlungen von unseren Werten leiten. Unabhängig von der Qualität unserer körperlichen Empfindungen, Gedanken und Gefühle haben wir dabei die Kontrolle über unseren Körper und unsere Handlungen im gegenwärtigen Moment.

Eine ausführliche Darstellung der Psychologischen Flexibilität bietet das *Hexaflex*-Modell (s. Abb. 3.2). Im Hexaflex-Modell steht die Psychologische Flexibilität im Zentrum und wird durch die Arbeit an sechs Prozessen erreicht, die zum Teil als erlernbare Fertigkeiten verstanden werden können: *Kontakt mit dem gegenwärtigen Moment, Selbst-als-Kontext, Akzeptanz, Defusion, Werte* und *engagiertes Handeln*. Eine Grundannahme des Hexaflex-Modells ist, dass durch die regelmäßige Übung, Anwendung und Auseinandersetzung mit den einzelnen Prozessen die Psychologische Flexibilität gestärkt wird. Jedem Prozess steht dabei eine dysfunktionale, inflexible Verhaltensweise gegenüber, der durch das Praktizieren Psychologischer Flexibilität entgegengewirkt werden kann. Das Modell folgt keiner festgelegten Reihenfolge. Dies bedeutet, dass der/die SportlerIn individuell entscheiden kann, woran er/sie wann arbeitet. Außerdem sind alle Facetten miteinander verbunden, sodass sich Veränderungen in einer Facette auch auf umliegende Facetten auswirken und entsprechend einander beeinflussen. Zudem bieten die Facetten auch die Grundlage füreinander, sodass sie sich auch gemeinsam entwickeln und geübt werden können (Harris, 2009; Hegarty & Huelsmann,

Abb. 3.2 Facetten der Psychologischen Flexibilität im Hexaflex-Modell (mod. nach Harris, 2009, S. 22)

2020). Im Folgenden werden die einzelnen Facetten, die Teilfertigkeiten der Psychologischen Flexibilität abbilden, genauer beschrieben.

Kontakt mit dem gegenwärtigen Moment

> *„Angst ist nur das Produkt unseres Kopfes. Denken wir an Dinge, die in der Vergangenheit passiert sind oder denken wir über das nach, was noch passieren könnte, nähren wir unsere Angst. Wenn wir unsere Aufmerksamkeit auf die Gegenwart richten, ist für Angst kein Platz mehr."*

(McNamara, 2022, S. 311).

Garrett McNamara ist einer der weltbekanntesten Big Wave Surfer, der die Riesenwellen in Nazaré, einem Küstenort in Portugal, surft. Unter der Meeresoberfläche in Nazarés Bucht befindet sich ein Unterwassercanyon, der durch seine geographische Beschaffenheit regelmäßig die Entstehung von Monsterwellen von über 20 m Höhe herbeiführt. Diese Wellen erfolgreich zu surfen, erfordert neben der sportlichen Höchstleistung unter anderem ein optimales Timing und präzise Einschätzungsfähigkeiten der Wellenbewegungen. Insgesamt ist eine bewusste Wahrnehmung aller Geschehnisse auf und unter dem Wasser im gegenwärtigen Moment unabdingbar. Garrett McNamara muss seine Aufmerksamkeit auf den gegenwärtigen Moment lenken können, um die Energie der Welle zum richtigen Zeitpunkt wahrnehmen und während des Surfens der Welle seine Körperbewegungen in Sekundenbruchteilen an alle variablen Veränderungen in diesem Moment anzupassen. In diesem Augenblick ist McNamara im Kontakt mit dem gegenwärtigen Moment. Unsere Aufmerksamkeit ist zu großen Teilen bewusst steuerbar. Sie wird häufig mit der Metapher eines Scheinwerfers verglichen. Wir können einen weiten oder engen Aufmerksamkeitsfokus setzen. Wir können zudem unsere Aufmerksamkeit neben Ereignissen im gegenwärtigen Moment auch auf die Vergangenheit oder die Zukunft lenken. Die Fähigkeit zur flexiblen Aufmerksamkeitslenkung impliziert aber auch, dass wir durch die Fokussierung auf bestimmte Inhalte andere Inhalte, also die Bereiche, die nicht im Scheinwerferlicht sind, vernachlässigen müssen. Häufig kommt es dazu, dass wir ablenkbar sind, oder unsere Aufmerksamkeit auf Bereiche fokussieren, wie z. B. vergangene oder zukünftige Geschehnisse, die nicht handlungsförderlich für die eigentliche Aufgabe sind. Um achtsam handeln zu können, müssen wir jedoch unsere Aufmerksamkeit flexibel auf die äußeren und inneren Ereignisse im gegenwärtigen Moment lenken. Bezogen auf den Sport sind günstige innere Prozesse und Situationsmerkmale, jene, die für die erfolgreiche Ausübung einer sportlichen Aufgabe relevant sind. Die flexible Aufmerksamkeitslenkung ist die Voraussetzung dafür, dass wir wirkungsvoll und auf achtsame Art und Weise Handeln können. Denn wir müssen die potenziell zu akzeptierenden Gedanken und Gefühle im gegenwärtigen Moment zuerst wahrnehmen, um sie dann in nächsten Schritt reflektieren und bei Bedarf darauf reagieren zu können. Der Kontakt mit dem gegenwärtigen Moment ist auch Voraussetzung für unsere eigenen Werte, da wir erkennen müssen, was im gegenwärtigen Moment für uns wichtig ist und welche Werte im jeweiligen Kontext aktiviert sind. Ebenfalls ist das engagierte Handeln betroffen, da wir entscheiden müssen, welche Handlungen in der jeweiligen Situation relevant und funktional sind und auch, welche Konsequenzen unser Handeln für uns auslöst.

Selbst-als-Kontext

„Ich musste mich selbst ganz genau beobachten. Ich musste wirklich sehr genau über jedes Detail während meiner Vorbereitung nachdenken, so mit mir umzugehen, dass ich sicher war, dass ich überhaupt in der Lage war, jetzt tauchen zu gehen."

(Anna von Boetticher, Apnoetaucherin; Red Bull AG, 2019, 00:03:10-00:03:19).

Anna von Boetticher ist leidenschaftliche Apnoetaucherin. Mit ihrer eigenen Atemluft taucht sie bis zu 125 m in die Tiefe und hält über sechs Minuten die Luft an. Um situationsadäquate Entscheidungen zu treffen und Handlungsschritte einleiten zu können, muss sie sich selbst, ihre inneren Prozesse und die stattfindenden Ereignisse des gegenwärtigen Moments wahrnehmen und prüfen, in welchem mentalen Zustand sie sich befindet. Das gilt sowohl über Wasser, bevor sie ihren Tauchgang antritt, als auch unter Wasser mit angehaltenem Atem.

Um unsere Aufmerksamkeit überhaupt erst zielführend und flexibel (um-) zu lenken, ist der erste Schritt zu erkennen, worauf wir unsere Aufmerksamkeit im gegenwärtigen Moment gerichtet haben. Auch um unsere inneren Prozesse und die Situation reflektieren zu können, müssen wir vorab beobachten und erkennen, was in unserem Innen und im Außen passiert. Wir erinnern uns, dass Aufmerksamkeit häufig mit einem Scheinwerfer verglichen wird, der auf bestimmte Bewusstseinsinhalte gerichtet ist. Selbst-als-Kontext bedeutet, dass wir nicht die Bewusstseinsinhalte im Scheinwerferlicht sind, sondern, dass wir die Person, die diesen Scheinwerfer steuert, sind. Von einer Metaposition aus beobachten wir uns dabei, dass wir gerade beobachten und nehmen wahr, auf welche Art und Weise wir dies tun. Nehmen wir bewusst und offen wahr, werten oder verurteilen wir? Schweifen wir mit unseren Gedanken ab oder ist unsere Aufmerksamkeit auf relevante Reize der Situation gerichtet? Diese Fertigkeit, sich selbst zu beobachten, ist Gegenstand vieler Achtsamkeitsübungen. Sie erleichtert den Kontakt mit dem gegenwärtigen Moment, die Akzeptanz und die Defusion. Durch die Erkenntnis, dass wir gerade beobachten, können wir in nicht-wertender Art eine Distanz zu den Ereignissen in und um uns herum schaffen.

Akzeptanz

„Ich habe schon als Kind gelernt, Ozean und Natur zu respektieren. Wenn ich auf Trails und in den Bergen laufe, habe ich immer einen gesunden Respekt vor dieser Umwelt, weil dort alles schief gehen kann. Die Natur ist unvorhersehbar, egal ob Welle oder Berg, du musst immer vorbereitet sein."

(Ryan Sandes; Trail Runner Magazine, 2016).

Ryan Sades, ein südafrikanischer Ultramarathon-Läufer, hat als Erster erfolgreich das *4-Desert-Race* bewältigt. Bei diesem weltweit größten Ultraausdauerrennen müssen die SportlerInnen eine Serie aus vier Läufen bestreiten, die durch die Wüstengebiete Namibias, der Gobi Wüste in der Mongolai, der Atacama Wüste in Chile sowie dem McMurdo Dry Valley in der Antarktis führen. Dabei sind die SportlerInnen über einen langen Zeitraum widrigen und extremen Bedingungen ausgesetzt. Es ist wahrscheinlich, dass vor, während und nach diesen Rennen intensive unangenehme und auch schmerzhafte Empfindungen, Gedanken und Gefühle auftauchen können. Ryan Sades kann einem gewissen Teil dieser

Bewusstseinsinhalte entgegenwirken. Schmerzen durch Blasen an den Füßen oder durch Dehydrierung verursachter Schwindel kann und muss er achtsam wahrnehmen und darauf reagieren, um das Rennen weiterhin erfolgreich zu bewältigen. Diese Zeichen des eigenen Körpers passiv zu akzeptieren, wäre dabei weder achtsam noch auf lange Sicht zielführend, um das Rennen erfolgreich zu beenden. Gleichzeitig bleiben körperliche Empfindungen von Erschöpfung, kritische Tiefpunkte und das Laufen an den eigenen Grenzen während herausfordernder Streckenabschnitte initiale Bestandteile dieser Ultramarathons. Würde Ryan Sades versuchen, diese körperlichen Empfindungen und Bewusstseinsinhalte zu vermeiden, anstatt sie zu akzeptieren, gäbe es folgende Möglichkeiten: 1) Er könnte von Beginn an das Rennen nicht antreten oder würde dieses abbrechen. 2) Er könnte sich während des Rennens standhaft gegen diese körperlichen Empfindungen, Gedanken und Gefühlen wehren, was potenziell zu erhöhter Ablenkbarkeit und inflexiblen Verhaltensweisen führen könnte. Hingegen wäre es psychologisch flexibel, wenn Ryan Sades diese Bewusstseinsinhalte akzeptieren und sich damit auseinandersetzen würde, was er zur Verbesserung oder Erleichterung der aktuellen Situation tun könnte. Zum anderen könnte er die verbleibenden unangenehmen körperlichen Empfindungen, Gedanken und Gefühle zulassen, einen Schritt von ihnen zurücktreten und dadurch den Fokus wieder auf die sportliche Aufgabe lenken. Die bereits bekannte „Sicherheit- geht-vor- Voreinstellung" ist auch hier erstmal ein effektiver Schutzmechanismus, um uns vor Schaden zu bewahren. Dies gilt jedoch nur so lange, bis das Vermeidungsverhalten rigide wird und wir in unseren Verhaltensantworten inflexibel werden, da wir weniger Kapazitäten für die Ausführung der eigentlichen sportlichen Aufgabe haben. Evolutionär gesehen, bezieht sich das vor allem auf äußere Ereignisse und lebensbedrohliche Gefahren. Der gegenteilige Prozess zu Vermeidungsverhalten ist Akzeptanz. Dabei geht es darum, Raum zu machen für alles, was in unserem Inneren passiert: Jegliche Gedanken, Gefühle, Erinnerungen oder Bedürfnisse haben erst einmal ihre Berechtigung. Wir erlauben ihnen, da zu sein und in ihrem eigenen Tempo zu kommen und zu gehen. Da wir sie wertungsfrei und nicht nach den Kriterien gut oder schlecht, positiv oder negativ, erwünscht oder unerwünscht behandeln, entsteht nicht die Notwendigkeit, sofort auf diese Inhalte in unserem Bewusstsein zu reagieren. Wir müssen sie nicht kontrollieren oder vermeiden und dadurch verlieren sie oft automatisch an Gewicht. Ebenfalls sind mehr kognitive Kapazitäten dadurch frei und auch unser Aufmerksamkeitsfokus kann zur eigentlichen Aufgabe, die wir grade ausführen, z. B. einer sportlichen Handlung, zurückkehren.

Wichtig ist hierbei, dass wir nicht alles akzeptieren müssen. Können wir einen Umstand vermeiden, der uns offensichtlich schadet, ist es durchaus effektiv, dagegen vorzugehen oder ihn zu vermeiden. Wir akzeptieren vielmehr im Sinne unserer Werte und eines engagierten Handelns. ExtremsportlerInnen sind oftmals mit Situationen konfrontiert, deren Ausübung auch unangenehme körperliche Empfindungen, Gedanken oder Gefühle auslöst. Vermeiden sie eine solche notwendige sportliche Handlung mit dem Ziel, z. B. die dabei aufkommende Angst zu vermeiden, verhalten sie sich nicht akzeptierend und nicht achtsam. Wenn sie hingegen eine sportliche Situation bewusst aufsuchen und akzeptieren, dass dabei unangenehme körperliche Empfindungen, Gedanken oder Gefühle auftauchen können, sind sie in diesem Moment achtsam. Sie können effektiv Verhaltensweisen zeigen, die zur erfolgreichen Ausübung der sportlichen Handlung führen, unabhängig davon, wie unangenehm die dabei auftretenden körperlichen Empfindungen, Gedanken und Gefühle sind. Genauso können sie sich aber auch bewusst gegen die Ausübung der sportlichen Handlung entscheiden, wenn sie reflektieren, dass die subjektiven körperlichen oder emotionalen Kosten größer sind als der Nutzen, den sie sich davon erhoffen.

> *„Im BASE Jumping geht es immer darum, Entscheidungen zu treffen. Das ist die größte Fertigkeit im gesamten Sport. Wenn die Bedingungen nicht perfekt sind und du dich trotzdem entscheidest, zu springen, stellst du die Bedingungen selbst gegen dich. BASE Jumping ist gefährlich. Aber es kann sicher durchgeführt werden, wenn du dich schlau verhältst."*

(Sean Chuma; Hempsall, 2015).

Wichtig ist hier, dass sie nicht direkt auf körperliche Empfindungen, Gedanken und Gefühle reagieren müssen. Bewusstseinsinhalte haben ihre Berechtigung und können da sein, während sie mit unserem Aufmerksamkeitsfokus im gegenwärtigen Moment und bei den relevanten Handlungskomponenten für die sportliche Aufgabe sind. Akzeptanz folgt demnach nicht dem *„Ganz-oder-gar-nicht-Prinzip"* (Harris, 2020). Vielmehr entspricht es einem Kontinuum zwischen diesen Polen. Mit der Entscheidung zur Ausübung von Extremsport nehmen sie automatisch eine erhöhte Wahrscheinlichkeit in Kauf, persönliche Grenzen zu streifen, Angst oder Schmerzen zu erleben. Gleichzeitig leben und erleben ExtremsportlerInnen in ihren Sportarten mit Leidenschaft viele ihrer identitätsstiftenden Werte. Auf diesem Kontinuum haben sie immer die Freiheit, Verhaltensweisen abzuwägen, Wichtigkeiten zu priorisieren und sich mit einer akzeptierenden Haltung gegenüber ihren Entscheidungen im gegenwärtigen Moment der sportlichen Handlung hinzugeben.

Defusion

„Ich habe viel über Angst nachgedacht. Für mich ist die entscheidende Frage nicht, wie ich ohne Angst klettere – das ist unmöglich – sondern, wie ich mit ihr umgehe, wenn sie bis in meine Nervenenden hineinkriecht."
(Honnold & Roberts, 2019, S. 42).

Unser Aufmerksamkeitsfokus ist neben dem gegenwärtigen Moment, in dem die zu bewältigende Aufgabe stattfindet, häufig auch mit Inhalten aus der Zukunft oder der Vergangenheit beschäftigt. Stehen wir vor einer Herausforderung oder vor einem Problem, werden oft auch limitierende Glaubenssätze oder Annahmen über uns selbst aktiviert. Häufig merken wir das nicht, wenn wir so eng mit diesen Inhalten verbunden sind. Wir sehen sie dann an als etwas, das uns definiert und können uns nur schwer von ihnen trennen. Dieser Prozess heißt Fusion. Aus ACT-Perspektive ist Fusion die Hauptursache für Psychologische Inflexibilität, da es häufig zu Vermeidungsverhalten führt. Fusion bedeutet, dass wir mit den Inhalten unserer Gedanken und Gefühle, mit Annahmen und Urteilen über uns selbst verschmelzen und uns über sie definieren. Diese hängen wie ein Gewicht an uns, können unsere Sicht versperren und unsere Präsenz im gegenwärtigen Moment einschränken. Dadurch sind wir in unseren Handlungen, sowohl auf körperlicher als auch auf gedanklicher und emotionaler Ebene, eingeschränkt.

Defusion bildet den Gegenprozess zur Fusion. Defusion bedeutet, von Bewusstseinsinhalten zurückzutreten. Metaphorisch wird dieser Zustand oft dargestellt, wie ein Schiff auf dem stürmischen Meer. Wir können weder den Sturm noch die Wellen kontrollieren, haben also weder Kontrolle über unsere Gedanken noch Gefühle. Aber wir haben trotzdem Kontrolle über unser Schiff, also über unser Handeln. Wir können uns vom Sturm mitreißen und überwältigen lassen. Oder wir setzen einen Anker und lassen es um uns herum stürmen. Aus ACT-Perspektive bearbeiten wir nicht die Inhalte der Gedanken und Gefühle selbst, sondern fokussieren uns auf die Handlungskomponente, also auf den konkreten Umgang mit den Gedanken und Gefühlen. Defusion bedeutet auch, Abstand zu nehmen, also bewusst von Gedankeninhalten zurückzutreten und sie nicht als uns definierend zu betrachten, sondern einfach als einen Teil neben vielen anderen. Wir beobachten unsere körperlichen Empfindungen, Gedanken und Gefühle, stufen sie erst einmal nur als Worte und Konstruktionen des Geistes ein. Auch die wertfreie Benennung der Bewusstseinsinhalte kann die Defusion unterstützen. In luftiger Höhe an der Felswand kann dadurch „Ich bin die Angst" zu „Ich fühle mich jetzt grade ängstlich" und „Ich beobachte, dass ich mich jetzt grade ängstlich fühle" werden. So entsteht eine andere Perspektive auf dieselbe innere

Situation. Dadurch schaffen wir eine Distanz zu unseren Bewusstseinsinhalten und ermöglichen neue Wege, um flexibel mit ihnen umzugehen. In Kombination mit einer offenen Haltung können wir in einem nächsten Schritt die Gedanken oder Gefühle explorieren: Sind sie hilfreich für die sportliche Handlung, die wir gerade ausführen? Tragen sie dazu bei, dass wir uns auf dem Weg befinden, den unsere Werte uns vorgeben? Oder bringen sie uns davon ab? Weiter gehen wir flexibel mit den Bewusstseinsinhalten um: Sind sie z. B. für die sportliche Handlung hilfreich und vermitteln sie uns wichtige Informationen, nehmen wir sie an. Sind sie weniger hilfreich, erlauben wir ihnen auf eine akzeptierende Art und Weise, weiterhin da zu sein und in einem eigenen Tempo wieder zu verschwinden. Eine weitere mögliche Unterteilung der Inhalte bezieht sich auf ihre Konsequenzen im Sinne von folgenreich und folgenlos für nachfolgende Handlungen. Wenn wir Ereignisse als folgenlos für uns einstufen, werden sie unsere Handlungen nicht beeinflussen. Stufen wir sie hingegen als folgenreich ein, ist weiter eine Unterteilung mit Bezug auf die Kontrollierbarkeit dieses Ereignisses möglich. Liegt das Ereignis variabel in unserem Handlungsspielraum, oder sind wir mit festgelegten Bedingungen konfrontiert, an die wir uns anpassen müssen? Dadurch konkretisieren wir selbst den Rahmen unserer möglichen Handlungen und Reaktionen. Um an diesen Punkt zu gelangen, benötigen wir wieder unser Selbst-als-Kontext: Wir bemerken, dass wir uns durch körperliche Empfindungen, Gedanken und Gefühle definieren, mit ihnen verschmelzen. Wir benennen, neutral und wertfrei, was im gegenwärtigen Moment passiert und kehren zum gegenwärtigen Moment und zu einer offeneren Haltung zurück. Dadurch normalisieren wir die Bewusstseinsinhalte und sie verlieren an Gewicht. Der Blick wird wieder frei für die eigentliche Aufgabe. Besonders zu betonen ist, dass in ACT und bei der Arbeit an Psychologischer Flexibilität keine Bewertung über die Kriterien gut, schlecht, positiv, oder negativ stattfindet. Stattdessen stufen wir Ereignisse auf der Grundlage von hilfreich und weniger hilfreich oder folgenreich und folgenlos, hier z. B. mit Bezug auf die erfolgreiche Ausführung der sportlichen Aufgabe ein. Insgesamt sollten wir berücksichtigen, dass auch negative körperliche Empfindungen, Gedanken und Gefühle wichtige Hinweise geben können und ihr potenzieller Informationsgehalt berücksichtigt werden sollte, anstatt erfolglos zu versuchen, sie kategorisch auszuschließen oder zu verdrängen. Körperliche Signale wie schwitzige Hände, oder Gedanken wie *„Das ist gefährlich!"* können uns auch mangelnde Fertigkeiten aufzeigen oder darauf hinweisen, uns mit dem Grad der Konsequenzen einer sportlichen Aufgabe bewusster auseinanderzusetzen. Dies bietet eine sinnvolle Grundlage für anschließendes engagiertes Handeln.

Werte

Auch McNamara hat sich mit seinen Werten und wie er sie zu erreichen vermag auseinandergesetzt.

„Der Schlüssel zum Glück ist, zu identifizieren, was man für Werte hat. Dafür muss man kein Surfer sein. Man kann auch ‚vibrieren‘, wenn man Fotos schießt, Kleider entwirft, jemanden pflegt oder Rettungsschwimmer ist. Man sollte überlegen, was man benötigt, um seine individuellen Werte zu entwickeln. Wenn man sich dabei ein Ziel setzt und es mit Disziplin und Hartnäckigkeit verfolgt, dann ist alles möglich.“

(McNamara, 2022, S. 312 f.).

Ein sehr konkretes und einschneidendes Beispiel für die Bedeutung von Werten im (Extrem-)Sport aus den letzten Jahren sind die pandemiebedingten Ausfälle der Wettkämpfe und Meisterschaften in fast allen Sportarten. SportlerInnen waren vor die Wahl gestellt, auf Wettkämpfe hinzutrainieren, deren Austragung bis zum Schluss ungewiss blieb. Diese Unsicherheit hat bei einigen zum Ausstieg aus der Saison geführt, andere trainierten trotzdem auf das unsichere Ziel einer Meisterschaft hin. Die Besinnung auf die eigenen Werte fand hier gezwungenermaßen statt. *„Warum tue ich das eigentlich? Was will ich? Und welche kurz- und langfristigen Ziele möchte ich verfolgen?“* wurden zu essenziellen Fragen. An dem Beispiel wird deutlich, wie herausfordernd die Auseinandersetzung mit den eigenen Werten sein kann und wie viel Potenzial gleichzeitig in diesem Prozess liegt.

Neben den vier Prozessen, welche die Achtsamkeit als Fertigkeit ausmachen (Kontakt mit dem jetzigen Moment, Selbst-als-Kontext, Akzeptanz und Defusion) wird das Hexaflex aus Werten konstruiert. Werte stellen die innersten subjektiven Beweggründe eines Menschen dar und umfassen damit das Wissen darüber, was uns persönlich wichtig ist. Wer möchten wir sein? Welchen Weg möchten wir gehen? Werte lassen sich in allen erdenklichen Lebensbereichen finden, u. a. in den Bereichen der Freizeit, Arbeit und Bildung, bezogen auf soziale Kontakte oder im Hinblick auf die eigene Gesundheit (Harris, 2009). Sie sind so gesehen Säulen, an denen wir uns im Leben orientieren. Werte sind dadurch charakterisiert, dass sie subjektiv sind und nicht, im Vergleich zu einem Ziel, abgearbeitet werden. Werte geben auf übergeordneter Ebene eine Orientierung für unser Leben. Sie geben unserem Leben Bedeutung und zeigen eine Richtung für unser Handeln auf (Hayes et al., 2006). An ihnen ausgerichtet, können wir Ziele definieren und anpassen. Diese Ziele lassen sich wiederum in immer kleinere Einheiten, sogenannte Teilziele, aufteilen, die wir erfolgreich umsetzen können. Ziele können dadurch spezifisch, messbar, attraktiv, realistisch und terminiert gestaltet werden *(SMART-Prinzip)*, wodurch wir die Wahrscheinlichkeit ihrer Umsetzung steigern. Werte machen uns den Sinn unserer Verhaltensweisen begreifbar und beeinflussen entsprechend auch unsere Motivation und unser Durchhaltevermögen.

Mit dem Fokus auf Extremsport und den damit einhergehenden potenziellen Bedrohungen ist es wichtig, immer wieder zu überprüfen, ob wir werteorientiert handeln. Mag ein Wert die Abenteuerlust sein und sich immer wieder selbst zu fordern, begeben wir uns gerne in neue unbekannte Situationen, auch wenn sie uns möglicherweise ängstigen. Auch können solche Werte dabei helfen, sich während belastender Situationen zurückzubesinnen und kritische Phasen zu überstehen. Sind weitere Werte z. B. Verantwortung und Ehrlichkeit, kann daran ein Verhalten anschließen, die Kletterroute nicht zu besteigen, wenn wir einen Materialfehler bemerken oder den lange geplanten Base-Jump bei einem unvorhergesehenem Witterungswechsel abzubrechen, auch wenn es uns schwerfallen mag.

Engagiertes Handeln

Ein Zitat von Camille Balanche, der amtierenden Weltranglistenersten in Downhill Mountainbike der Saison 2022, fasst die Facetten der Psychologischen Flexibilität zusammen: „Ich lasse mich bewusst auf die Strecke ein (…). Ich versuche eins zu werden mit meinem Bike, mit dem Trail und den natürlichen Gegebenheiten (…). Ich mache, was mir Freude bereitet."

(Rabenstein, 2021).

Der UCI (Union Cycliste Internationale) Weltcup im Downhill Mountainbike bringt jedes Jahr die Weltelite zusammen. Über mehrere Monate hinweg begeben sich die SportlerInnen an Austragungsorte der verschiedenen Rennen auf der ganzen Welt, aus denen sich der Weltcup zusammensetzt. Durch das stetige Sammeln der Punkte über die Rennsaison hinweg, wird der Kampf um die Weltranglistenspitze in jedem Rennen neu entschieden. Kein/e SportlerIn kann sich auf den bisher erbrachten Leistungen ausruhen. Für sie alle ist ein langer Atem bis zum Ende der Rennsaison unabdingbar, um den Titel für sich zu entscheiden. Engagiertes Handeln bedeutet, sowohl kurzfristig als auch über langandauernde, anstrengende Zeiträume den Fokus nicht zu verlieren. Auch schließt es die Fertigkeit ein, sich immer wieder auf die eigenen Werte und übergeordnete Ziele zurückzubesinnen, Rückschläge und Stürze funktional zu verarbeiten und Lernerfahrungen für kommende Rennen zu extrahieren – unter der Voraussetzung, dass diese Verhaltensweisen konsistent mit den eigenen Werten sind. Es bedeutet auch, sich über Erfolge und gewonnene Rennen zu freuen, darüber hinaus die eigenen Emotionen aber so zu regulieren, dass im nächsten Rennen die Aufmerk-samkeit wieder im gegenwärtigen Moment und auf der Rennstrecke liegt. Dies sind Fertigkeiten, die durch eine achtsame Haltung erleichtert werden können. Was engagiertes Handeln bedeutet, verdeutlichte Camille Balanche in der Saison 2022. Über alle Rennen hinweg erarbeitet sie sich die Favoritinnen-Position für den Gesamt-Weltcupsieg. Beim Rennen in Mont-Sainte-Anne in Kanada bricht sie sich am Trainingstag das Schlüsselbein und es ist fragwürdig, ob sie ihre Saison beenden kann. Über Instagram teilt sie einen Post, der ihren Sturz zeigt:

> *„Das ist nicht das, was ich nach meinem ersten Trainingstag teilen möchte ... ich habe mein Schlüsselbein gebrochen ... es ist schwer zu sagen, ob ich vor dem letzten Rennen wieder einsteigen kann. Aber ich werde einen Tag nach dem anderen betrachten."*

(Balanche, 2022a).

In den Tagen darauf dokumentiert sie ihren Rehabilitationsprozess, energetisiert durch den Willen, wieder in den Weltcup einzusteigen:

> *„Ich habe weiterhin Schwierigkeiten, keine Push-Ups, also kein Mountainbike. Aber ich vertraue dem Prozess ... arbeite an meiner Mobilität."*

(Balanche, 2022b).

Weiter schreibt sie:

> *„Ich trainiere Mountainbike-Spezifik! Auf der Straße fahren geht noch nicht, aber ich will nach Les Gets!"*

(Balanche, 2022c).

Und tatsächlich kann sie vor Ort in Les Gets ihre Testfahrten durchführen:

> *„Ich bin so glücklich, dass ich fahren kann. Obwohl ich weit weg von meinen 100 Prozent bin, ist das ein guter Anfang. Ich habe mich noch nicht entschieden, ob ich starten werde oder nicht. Der Moment wird es zeigen."*

(Balanche, 2022d).

Trotz dieses Rückschlags gelingt es ihr, durch engagiertes Handeln mit konse-quentem Training nach einigen Wochen wieder in den Weltcup einzusteigen. Sie beendet das Rennen in Les Gets mit Platz fünf und holt den UCI Weltcup Gesamtsieg.

Engagiertes Handeln ist das zentrale Produkt der Psychologischen Flexibilität. Dadurch, dass unsere Werte die notwendige Richtung für unser Verhalten vorgeben, steht engagiertes Handeln auch mit unseren Werten in ständiger Wechselbeziehung. Engagiertes Handeln bezieht sich nicht nur auf mentale Prozesse, die sich im Verhalten widerspiegeln, wie z. B. bei der Umsetzung von Zielen oder bei Problemlösungsversuchen, sondern auch auf mentale Prozesse, wie unsere Interpretationen, Ursachenzuschreibungen und Entscheidungsprozesse (Harris et al., 2009; White et al., 2021). Aus achtsamer Perspektive lernen wir einen wertschätzenden Umgang mit unserer Außenwelt und mit uns selbst. Wir sind engagiert, in einem aktiven Modus, statt in einem automatischen und passiven Modus, bei dem wir nicht bewusst wahrnehmen, was wir eigentlich tun. Wir lenken unsere Aufmerksamkeit flexibel auf die Aufgabe, die vor uns liegt. Durch den Kontakt mit dem gegenwärtigen Moment, Akzeptanz, Defusion und der BeobachterInnenperspektive Selbst-als-Kontext können wir engagiert handeln.

Alle SportlerInnen, die hier mit ihren Extremsportarten vorgestellt wurden, handeln engagiert während der Ausführung ihrer Sportarten und können dadurch erfolgreich sein. Dabei gilt auch der Blick nach vorne auf eine langfristige Perspektive: Regeneration, das Pausieren oder das kurzfristige Abbrechen der sportlichen Tätigkeit kann engagiertem Handeln entsprechen, wenn dadurch gewährleistet wird, dass offensichtlich lebensbedrohliche Situationen oder Wendungen umgangen werden, die über die kalkulierbaren Herausforderungen des Extremsports hinausgehen.

ExtremsportlerInnen kommen während der Ausübung ihrer Sportarten häufig in Situationen, die umgangssprachlich als Grenzsituationen bezeichnet werden. Was bedeutet es aber, „im Extremen" zu sein? Aus Sicht der AutorInnen ist Extremsport u. a. dadurch gekennzeichnet, dass die auftauchenden Herausforderungen und Erlebnisse des Extremsports einzigartig sind und in dieser Qualität und Intensität in kaum einem anderen Lebensbereich erreicht werden. Was Extremsport ebenfalls „extrem" macht, ist das Ausmaß der Konsequenzen, die potenziell auf Handlungen und Entscheidungen folgen können. Extremsport bedeutet also zuerst einmal auch extreme Erfahrungen, die so im Alltag nicht erlebt, simuliert oder geübt werden können (Brymer & Schweitzer, 2012).

„Die Abfahrt war physisch extrem fordernd. Wir sind Skifahrer, das ist unser Metier, trotzdem ist es auf 8500 Metern anders. Du machst ein paar Schwünge, hältst an und musst dich erst mal ein paar Minuten erholen."

(Jim Morrison, Skibergsteiger, erste komplette Skiabfahrt vom Lhotse; Haack, 2020).

Extremsport findet im Kontakt mit den Elementen statt – in der Luft, im oder auf dem Wasser, am Berg. So bleibt ein großer Teil der äußeren Bedingungen immer unkontrollierbar und kann sich in Sekundenbruchteilen verändern (Paulus et al., 2009). ExtremsportlerInnen haben Fertigkeiten, um in Grenzsituationen adäquat zu agieren und Entscheidungen zu treffen.

> *„Nach 20 Jahren Skialpinismus war die Abfahrt vom Lhotse eher eine natürliche Weiterentwicklung. Keine unbesonnene Entscheidung, sondern hart erarbeitet."*

(Hilaree Nelson, Skibergsteigerin; Haack, 2020).

Gleichzeitig wissen sie, dass am Ende nicht alles kontrolliert werden kann (Brymer & Schweitzer, 2012). Sie setzen sich mit der Frage auseinander: „Worauf kann ich mich gezielt vorbereiten und worauf nicht?" Die Antwort darauf lautet: Sie können sich auf alles vorbereiten. Allerdings erfordern bestimmte Ereignisse eine andere Herangehensweise in der Vorbereitung!

> *„Ich gehe hinaus an Orte, die extrem sind. Aber was Menschen nicht sehen, ist, dass ich dort aufgrund von vielen, vielen, vielen, vielen Schritten bin, die ich gegangen bin. Meine Erfahrungen, meine Skills, mein Selbstbewusstsein, meine Beurteilungsfähigkeiten ..."*

(Anna von Boetticher; Red Bull AG, 2019, 00:00:03-00:00:19).

„Für Handlung A benötige ich Fertigkeit B." Erforderliche körperliche Voraussetzungen wie Fitness, Kraft, Technik und Taktik, lassen sich trainieren. Für bestimmte Herausforderungen lassen sich Problemlösestrategien erarbeiten, antizipierte Szenarien erfordern konkrete Lösungen, die vorab durchdacht werden können. Auf einen Teil der Erfahrungen, die gemacht werden, können wir uns allerdings nicht mit einer vorgefertigten Lösung vorbereiten. Wer kann schon vorhersehen, wann die eigene Aufmerksamkeit abgelenkt wird? Wer kann antizipieren, welches Selbstgespräch spontan auftaucht? Wohl niemand. Eine Vorbereitung im Sinne konkreter Lösungen geht hier also nicht. Aber eine andere Art der Vorbereitung ist möglich: Aus welcher Perspektive betrachten wir diese Prozesse? Wenn wir nicht ihren Inhalt ändern können, dann auf jeden Fall die Beziehung zu ihnen und wie wir damit umgehen! Eine achtsame Vorbereitung auf das Unvorhersehbare.

3.3 Aufmerksamkeit flexibel lenken: achtsame Aufmerksamkeitsregulation im Extremsport

Anna von Boetticher ist Apnoetaucherin. 2019 begibt sie sich nach Tassilaq in Grönland, um dort zu tauchen. Der Fjord, in dem sie taucht, ist zu dieser Zeit mit einer Eisschicht bedeckt. Ihr Ein- und Ausstieg besteht aus einem Dreieck, das in das Eis hineingefräst wird.

> *„Wir schneiden ein Dreieck ins Eis, weil es keine natürlich vorkommende Form ist. Sodass du es leicht von unten wiedererkennen kannst."*

(Anna von Boetticher; Red Bull AG, 2019, 00:03:24-00:03:34).

Während sie sich mit beiden Armen an der Eiskante festhält, schließt sie die Augen, atmet tief ein und lässt sich in die unendlichen Tiefen hinabgleiten. Ihr einziger Kontakt zum Land bleibt das Dreieck, das mit jedem Flossenschlag kleiner wird.

> *„Die Herausforderung ist, dass ich nicht einfach wieder auftauchen kann, um zu atmen. Ich muss meinen Exit wiederfinden. Da sind so viele Formen und Dinge unter Wasser und es ist so leicht, dort verloren zu gehen, das Loch ist so klein (…) Du drehst dich drei Mal im Kreis – alles sieht so 'alien' aus. Es ist super schwer, sich zu erinnern, wo du hergekommen bist. Und natürlich ist es passiert, dass ich den Weg verloren habe. Ein spezieller Moment. Und ich dachte so 'Oh okay, das ist neu'. Es ist super essenziell, hier nicht in Panik zu verfallen. Ich muss in der Lage sein, jedes Problem, das auftaucht, zu lösen."*

(Anna von Boetticher; Red Bull AG, 2019, 00:03:38-00:04:24).

Anna von Boetticher hat gelernt, ihre Aufmerksamkeit auch trotz extremer äußerer und innerer Reize gezielt und flexibel zu lenken. Während ihr Körper aufgrund der immer weiter ansteigenden Kohlenstoffdioxidkonzentration langsam in den Überlebensmodus schaltet, behält sie den Überblick: Was ist wichtig und was brauche ich jetzt? Wo ist meine Aufmerksamkeit? Wo lenke ich sie hin?

> *„Du musst sehr vorbereitet sein. Der Sport ist riskant. Wenn es Zeit ist, sich zu fokussieren, bin ich fokussiert."*

(Anna von Boetticher; Red Bull AG, 2019, 00:05:18-00:05:23).

Aufmerksamkeit bedeutet, dass wir unsere kognitiven Kapazitäten auf bestimmte Orte, Objekte oder Inhalte richten und sie dadurch besonders intensiv wahrnehmen können. Gleichzeitig rücken dabei andere Orte, Objekte oder Inhalte, die nicht in unserem Aufmerksamkeitsfokus liegen, in den Hintergrund. Wir nehmen sie kaum oder nur noch am Rande wahr. Häufig wird dafür das Bild eines Scheinwerfers (s. Abschn. 3.2) verwendet: Bereiche, auf die wir unsere Aufmerksamkeit legen, befinden sich im Lichtkegel, während umliegende Bereiche im Dunkeln liegen (Schüler et al., 2020).

"Manchmal schaue ich nicht einmal den ganzen Hang an. Ich schränke mein Sichtfeld ein, sodass ich nur das Gelände direkt vor mir wahrnehme, nicht die Ausgesetztheit. Ich überlege nur, wo ich die nächsten Schwünge mache."

(Hilaree Nelson, Skibergsteigerin, über die Skiabfahrt auf der Lhotse Couloir; Haack, 2020).

Die Fähigkeit, unsere Aufmerksamkeit flexibel und willentlich zu lenken, erlaubt uns also, uns selektiv auf ausgewählte Reize zu fokussieren, während irrelevante Reize gleichzeitig in den Hintergrund rücken. Dies ist ein Vorteil, wenn wir unsere Aufmerksamkeit auf aufgaben-relevante Inhalte richten und sie dort halten können. Gleichzeitig kann unsere Aufmerksamkeit auch abgelenkt werden. Anstatt aufgaben-relevante Reize zu fokussieren, die im gegenwärtigen Moment für die eigentliche sportliche Aufgabe wichtig sind, rücken aufgaben-irrelevante Reize in den Vordergrund. Um sportlich erfolgreich zu sein, ist es essenziell, die Aufmerksamkeit selektiv auf solche Reize zu lenken und sich an solchen zu orientieren, die zur erfolgreichen Bewältigung der sportlichen Handlung beitragen. Dies kann z. B. bedeuten, die Aufmerksamkeit über einen längeren Zeitraum auf diesen aufgaben-relevanten Reizen zu halten, zwischen verschiedenen wichtigen Reizen zu wechseln und die Aufmerksamkeit bei Ablenkung wieder zurückzulenken. Häufig können erfahrene SportlerInnen in ihrem sportspezifischen Umfeld diese Fertigkeiten besonders gut anwenden (Ericsson & Hagemann, 2007; Memmert, 2009, 2020).

Aufmerksamkeit kann in vier Formen unterteilt werden (Nideffer, 1981). Die Formen der Aufmerksamkeit können durch die zwei gekreuzte Achsen *Diffusion* und *Lokation* aufgespannt werden, die jeweils in *eng-weit* und in *internal–external* unterteilt sind. Entsprechend kann unsere Aufmerksamkeit in folgende vier Felder 1) internal-eng, 2) internal-weit, 3) external-eng, oder 4) external-weit unterteilt werden. External bedeutet, dass die Aufmerksamkeit auf Elemente außerhalb unseres eigenen Körpers gerichtet ist. Internal beschreibt die Lenkung der Aufmerksamkeit auf Prozesse in unserem Inneren. Eng und weit

beschreiben die Weite des Aufmerksamkeitsfeldes. Je nach Sportart und sports-
pezifischem Anforderungsprofil kann ein anderer Aufmerksamkeitsfokus Priorität
haben. Teamsportarten bedürfen verglichen mit Individualsportarten häufiger
eines external-weiten Fokus. Gleichzeitig sind die Wahl eines bestimmten Feldes
der Aufmerksamkeit beziehungsweise der Wechsel zwischen den Feldern auch
vom Zeitpunkt und der auszuführenden Aufgabe abhängig (Eberspächer, 2019;
Gubelmann & Stoll, 2019). Ein external-weiter Fokus ist sinnvoll, um sich einen
Überblick über Umgebungsbedingungen zu verschaffen. Ein external-enger Fokus
ermöglicht die Einstellung auf spezifische Situationsmerkmale. Internal-weite
Aufmerksamkeit kann dazu dienen, sich ein Bild über die eigene körperliche
Befindlichkeit zu machen oder das eigene Anspannungsniveau einzuschätzen
und ggf. zu regulieren. Ein internal-enger Aufmerksamkeitsfokus ist hingegen
für bestimmte Technikelemente, die Identifikation von Schmerzorten im Körper
oder für die Wahrnehmung bestimmter Gedanken oder Gefühle nützlich. Unsere
Aufmerksamkeit wird auch durch körperliche Belastung beeinflusst (Knudsen,
2007; Schweizer et al., 2000). Da gerade im Extremsport hohe Belastungsnive-
aus erreicht werden, welche die Aufmerksamkeitskapazitäten stärker begrenzen
(Gubelmann & Stoll, 2019), ist es umso wichtiger, die Aufmerksamkeit auf Reize
zu richten, die zur effektiven Bewältigung der sportlichen Aufgabe beitragen und
flexibel und achtsam mit Ablenkungen der Aufmerksamkeit umzugehen.

Aus achtsamer Perspektive ist es daher zentral, immer wieder über das
Beobachter-Selbst zu prüfen, wo wir mit unserer Aufmerksamkeit gerade sind.
Der Kontakt mit dem gegenwärtigen Moment erleichtert dabei den Zugang zu
den situativen Bedingungen und unseren eigenen körperlichen Empfindungen,
Gedanken und Gefühlen. Zudem ist es notwendig, zu erkennen, welche wichtigen Reize um uns herum vorhanden sind und welche Bedeutung sie für die
sportliche Aufgabe haben. Im Anschluss an diesen Analyseprozess können wir
unsere Aufmerksamkeit bei Bedarf umlenken. Der Wechsel der Aufmerksamkeit zwischen den vier Feldern kann, auch abseits des Sports, geübt werden
und ermöglicht, Unterschiede zwischen den Perspektiven und ihre Auswirkungen
auf unsere Wahrnehmung kennenzulernen (Eberspächer, 2019). Dabei bedeutet
die eigene Aufmerksamkeit flexibel und achtsam zu lenken, eine Ablenkung
der Aufmerksamkeit nicht zu ver- oder beurteilen, sondern sie akzeptierend
wahrzunehmen und dann zielgerichtet umzulenken. Lassen wir uns von unangenehmen Gedanken, Gefühlen, Urteilen über uns selbst, limitierenden Annahmen
oder vergangenen und zukünftigen Ereignissen überschwemmen, liegt die Aufmerksamkeit auf aufgaben-irrelevanten Reizen, was sich wiederum dysfunktional
auf die sportliche Handlung auswirken kann. Defusion, das bewusste, achtsame
Zurücktreten von diesen Inhalten, kann Aufmerksamkeitskapazitäten wieder frei
geben, die wiederum funktional weitergelenkt werden können.

3.4   Sich Bewegungsabläufe achtsam vorstellen

Greifen wir das Downhillfahren erneut auf: Vor jeder Rennfahrt wird am Vortag der sogenannte Trek-Walk durchgeführt. Dabei wird die Strecke zu Fuß abgelaufen, um die Begebenheiten der Umgebung und des Bodens kennenzulernen. Hier müssen Entscheidungen über die effektivsten Fahrtwege getroffen werden. D. h., schon während des Trek-Walks bedarf es einer gewissen Vorstellungsfähigkeit für das Abfahrtsgefühl und die Fahrtbewegungen auf den unterschiedlichen Streckenabschnitten. Es folgen eine limitierte Anzahl an Trainingsfahrten und das erste Qualifikationsrennen. Die Visualisierung der Strecke nach dem Trek-Walk kann ein entscheidender Faktor sein, um ein erfolgreiches Rennen abzuliefern. Die Visualisierung erlaubt, abseits der Fahrtstrecke zu trainieren und die Abfahrt trotzdem vor dem inneren Auge zu befahren und dadurch zu verinnerlichen. Sich immer wieder mit den Details der Strecke, dem Bewegungsgefühl und möglichen variablen Entscheidungen auf der Strecke auseinanderzusetzen, kann am Ende über den Sieg entscheiden. Ebenso kann es ein Teil des engagierten Handelns selbst sein und dazu beitragen, wertebasierte Ziele umzusetzen. Beispielsweise könnte ein Wert eines/r DownhillfahrerIn sein, mutig und zielstrebig zu fahren. Unter der Annahme, dass die fahrtechnischen Fertigkeiten gegeben sind, ließen sich die Werte in z. B. folgende Ziele übersetzen: 1) Bei verschiedenen Abfahrtsmöglichkeiten immer die schnellste Line auf der Strecke zu fahren und 2) Sprünge nicht zu vermeiden, sondern sie bewusst zu wählen, anstatt die längere Route darum herum zu fahren, nur weil sie weniger beängstigend erscheint. Derartige Entscheidungen und genau diese entscheidenden Passagen achtsam zu visualisieren, kann engagiertes Handeln in der Umsetzung fördern.

Vorstellungen beeinflussen Handlungen. Sie ermöglichen es, sich in Situationen hineinzuversetzen, die vielfältigen Reize zu vergegenwärtigen und so Informationen aus diesen Situationen verarbeiten zu können. Unsere Vorstellungsfähigkeit können wir gezielt nutzen, um Handlungen so vorzubereiten, dass sie der Situation und den dort vorhandenen Anforderungen gerecht werden (Eberspächer, 2019). Auch im Extremsport können wir uns eine reichhaltige Vorstellungsfähigkeit zunutze machen, wenn wir uns auf die Frage zurückbesinnen "Worauf kann ich mich gezielt vorbereiten?" Gerade dann, wenn Bewegungsabläufe und Techniken nicht beliebig oft trainiert werden können, ist Visualisierung sinnvoll. Beispielsweise aufgrund von risikoreichen Umgebungsbedingungen, zeitlichen und räumlichen Einschränkungen sowie dem kognitiv-physiologischen Erschöpfungsgrad der Aufgabe, wie es im Extremsport häufig der Fall ist. Eine Ergänzung des motorischen Trainings durch ein mentales Training ist sinnvoll, indem wir Bewegungsabläufe planmäßig und bewusst vor unserem inneren Auge wiederholen, ohne dass wir die Bewegung tatsächlich ausführen (Eberspächer, 2019). Bereits die Fertigkeit, diesen Umstand zu erkennen, kann als achtsame Selbstreflexion eingestuft werden. Auch Profikletterer Adam Odra nutzte die Visualisierung, um sich in herausfordernde Passagen der Route Super Crackinette mit dem Schwierigkeitsgrad 9a + hineinzuversetzen, deren Erkletterung er sich wochenlang erarbeitete.

Für den Extremsport bietet sich diese Methode besonders an, da Bewegungsabläufe intensiv ausgearbeitet werden können und im Austausch mit TrainerInnen oder SportpsychologInnen immer weiter differenziert und optimiert werden können. Bezogen darauf, was genau visualisiert werden sollte, schlagen Mayer und Hermann (2015) die Orientierung am Komplexitätslevel der sportlichen Aufgabe oder der Disziplin vor. Die Komplexitätslevel definieren sich u. a. aus Variabilität vs. Konstanz der Bewegung, Individual- vs. Teamsport oder GegnerInnen mit und ohne Körperkontakt. Mental trainieren lassen sich entsprechend konkrete Bewegungsabläufe in antizipierten Situationen und für den Notfall, oder auf wechselnde Umweltbedingungen wie sie im Extremsport häufig vorkommen. Dadurch können Bewegungsabläufe stabilisiert werden, sodass sie unter variablen Bedingungen abgerufen werden können. Zum anderen lassen sie sich optimieren, sodass die Bewegungsausführung selbst besser gelingt. Im Extremsport ist beides wichtig, denn die hohe Variabilität äußerer Bedingungen erfordert variable Reaktionen der SportlerInnen und eine optimierte Bewegungsausführung kann u. a. die eigene Sicherheit erhöhen.

Visualisierung kann demnach durch mehrere Aspekte mit Achtsamkeit in Verbindung gebracht werden: Bei der Visualisierung wollen wir ein möglichst detail- und realitätsgetreues Bild einer Situation oder eines Bewegungsablaufs vor unserem inneren Auge erschaffen. Die visualisierte Bewegung findet dabei bestenfalls in räumlich-zeitlicher Übereinstimmung zur tatsächlichen Bewegung statt. Bevor wir mit der Visualisierung beginnen, ist es daher notwendig, die Umgebungsbedingungen in denen die Bewegung stattfindet sowie die einzelnen Schritte der Bewegung inklusive des zugehörigen Körpergefühls im gegenwärtigen Moment bewusst wahrzunehmen. Dazu benötigen wir den Kontakt mit dem gegenwärtigen Moment und eine neugierige und akzeptierende Haltung gegenüber den aufkommenden körperlichen Empfindungen (z. B. unangenehme Anspannung beim Griff an der Felswand). Anstatt unangenehme körperliche Empfindungen zu vermeiden, gehen wir achtsam an diese Empfindungen heran und explorieren sie im Detail, um sie während der Visualisierung wieder abrufen zu können. Es ist ebenfalls möglich, sich bewusst in herausfordernde Situationen mental hineinzubegeben, um gerade diese extremen körperlichen Empfindungen, Gedanken und Gefühle nachzuerleben und sich mit ihnen auseinanderzusetzen, anstatt ihnen aus dem

Weg zu gehen. Die realitätsgetreue Visualisierung kann dadurch gelingen, indem möglichst alle Sinne (z. B. visuell, auditiv, kinästhetisch) miteinbezogen werden. Auch dafür kann eine achtsame Beobachtung und eine flexible Lenkung der Aufmerksamkeit auf verschiedene Empfindungsquellen und Sinne im gegenwärtigen Moment hilfreich sein.

Visualisierung kann auch genutzt werden, um Elemente oder Situationen zu trainieren, die herausfordernd sind, oder an denen der/die SportlerIn wiederholt scheitert. In solchen Momenten können Frust, Ärger und Enttäuschung auftreten, die zur Verschmelzung mit Gedanken und Gefühlen oder Selbstverurteilungen führen können. Defusion ist eine wichtige Fertigkeit, um flexibel weiter an der Herausforderung zu arbeiten, anstatt sich von den Bewusstseinsinhalten einnehmen zu lassen. Gleiches gilt für den Prozess der Visualisierung selbst. Die systematische Erarbeitung eines Bewegungselementes erfordert Geduld und Disziplin und ist mit Herausforderungen wie Unterbrechungen oder Ablenkbarkeit verbunden. Dabei sollte eine neugierige Haltung eingenommen werden, um immer wieder dieselbe Übung zu überprüfen und zu differenzieren, ohne dabei sich selbst für Fehler, oder unvollständige Visualisierungsversuche zu verurteilen. Stattdessen kann eine akzeptierende Haltung eingenommen werden, die ebenfalls die Defusion erleichtert und ermöglicht, die Aufmerksamkeit flexibel auf wichtige Elemente zu lenken und z. B. die Visualisierung erneut zu üben, oder Bedingungen zu verändern oder herbeizuführen, welche die Visualisierung erleichtern. Dies kann beispielsweise eine achtsame Regulation über Atemtechniken oder Aktivierungsübungen sein, um eine funktionale Ausgangslage für die Visualisierung zu fördern.

Für die erfolgreiche praktische Umsetzung der Visualisierung gibt es einige Voraussetzungen, die berücksichtigt werden sollten (Eberspächer, 2019; Engbert et al., 2011; Mayer & Hermann, 2015; Olsson & Nyberg, 2011):

- Systematisches und regelmäßiges Üben, wie auch beim motorischen Training.
- Die Kombination aus mentalem Training und motorischem Training zeigt die besten Effekte. Ein ständiger Abgleich zwischen der motorischen Realisierung und der Bewegungsrepräsentation sollte durchgeführt werden.
- Eine möglichst hohe Übereinstimmung zwischen Realität und Vorstellung kann durch eine lebhafte Bewegungsbeschreibung erreicht werden. Die Einbindung aller Sinne ist hier hilfreich. Ob eine Eigen- oder BeobachterInnen Perspektive bei der Visualisierung eingenommen wird, hat keinen deutlichen Einfluss auf den Visualisierungserfolg.

- Die motorische Bewegung, die visualisiert werden soll, sollte innerhalb oder am Rande des eigenen Fähigkeitsspektrums liegen. Die motorische Bewegung sollte also potenziell ausführbar sein.
- Vor allem zu Beginn eignen sich für die Visualisierung ruhige und reizarme Trainingsumgebungen, um die Ablenkbarkeit zu reduzieren und dafür zu sorgen, dass die Visualisierung vollständig und ohne Unterbrechung ausgeführt werden kann. Dadurch kann das Einbauen von Fehlern minimiert werden.
- Es sollte auf eine zeitliche Chronometrie geachtet werden, d. h., die Visualisierung findet im Tempo der tatsächlichen Bewegung statt. Sie sollten ohne zeitliche Sprünge, ohne das Überspringen von Bewegungssequenzen und ohne Rückwärts- oder Vorspulen vollständig ausgeführt werden.
- Der letzte Punkt erfordert eine systematische Wiederholung. Ausformulierte Bewegungsbeschreibungen und der Austausch mit TrainerInnen können den Prozess positiv unterstützen.

3.5 Das wichtigste Gespräch: das Gespräch mit uns selbst

Unser Handeln wird nicht nur durch unsere Vorstellungen beeinflusst, sondern auch davon, wie wir mit uns selbst sprechen (Eberspächer, 2019; Hatzigeorgiadis et al., 2011). Selbstgespräche im Sport sind eine zentrale Säule, da sie sowohl leistungssteigernd als auch -einschränkend wirken können (Fritsch et al., 2020; Turner et al., 2018). Sie sind ein initialer Bestandteil in unserem täglichen Leben, denn wir können nicht nicht denken. Jede Form der Wahrnehmung, ob laut ausgesprochen oder nur im Kopf gedacht, ist ein Selbstgespräch. Diese interne Wechselwirkung kann man sich als ein Dreieck mit den Ecken Gedanken, Gefühlen und Handeln vorstellen – Gedanken beeinflussen Gefühle und dies beeinflusst Handeln. Abhängig davon, wie wir mit uns selbst sprechen (z. B. instruierend, motivierend oder verurteilend), hat unser Selbstgespräch also Auswirkungen auf unsere Gefühle und das Verhalten, welches wir in der spezifischen Situation zeigen und kann sich auf unsere Leistung auswirken. Aus sportpsychologischer Sicht werden Selbstgespräche definiert als Verbalisierungen, die an das Selbst gerichtet sind. Unsere subjektiven Interpretationen mentaler Prozesse oder äußerer Ereignisse fließen dabei in die Selbstgespräche mit ein (Latinjak et al., 2019). Folgende Arten von Selbstgesprächen werden unterschieden:

1. *Organische* Selbstgespräche sind bewusst oder unbewusst auftauchende Aussagen und Gedanken über das Selbst.
2. *Spontane Selbstgespräche* sind unkontrollierte Inhalte mit direktem Situationsbezug, die ohne Anstrengung und unzensiert auftreten, eine erklärende oder bewertende Komponente haben, (irrationale) Annahmen über uns selbst umfassen und oft emotional besetzt sind oder emotionale Zustände reflektieren (z. B. *„Wow, das war super!"* oder *„Was für ein unnötiger Sturz!"*; Latinjak et al., 2017; Uhlenbrock et al., 2023; Van Raalte et al., 2016).
3. *Strategische, zielgerichtete Selbstgespräche* beziehen sich auf vorbestimmte Signalwörter, die spezifische Verhaltensmuster aktivieren, welche die Erreichung eines sportlichen Ziels fördern (z. B. die Knotenpunkte im mentalen Drehbuch Eberspächer, 2019). Sie werden auch absichtlich angewendet, um u. a. die eigenen Gefühle während des Sports zu regulieren (*„Ich bin gestürzt, das kann passieren, ich versuche es erneut!"*, Turner et al., 2018).

Nicht nur bei der Regulation der eigenen Gefühle, sondern auch beim Erlernen unbekannter Bewegungen können Selbstgespräche unterstützend wirken. Zudem erweisen sich instruktionale Selbstgespräche (z. B. *„Jetzt strecke ich den rechten Fuß und schiebe meine Hüfte nach vorne, damit ich mit der linken Hand den nächsten Griff an der Felswand erreiche."*) vor allem für feinmotorische Bewegungen oder Bewegungselemente hilfreich (Hatzigeorgiadis et al., 2011).

Selbstgespräche können aus der achtsamen Perspektive betrachtet werden. Zwischen Reiz und Reaktion liegt ein Spielraum, in dem achtsam verschiedene Handlungsoptionen ausgewählt und angewendet werden können. Das wertfreie Beobachten und Wahrnehmen der eigenen Selbstgespräche ist hier der erste Schritt. Im gegenwärtigen Moment achtsam wahrzunehmen, wie wir selbst zu uns sprechen, ermöglicht es uns, ggf. leistungsförderliche Selbstgespräche zu verstärken oder sie zu adaptieren. Nicht-Botschaften wie *„Nicht Stürzen"* auf der Skiabfahrt abseits der Piste, die unsere Aufmerksamkeit paradoxerweise nur noch mehr auf diese Handlungsalternative lenken, können wir achtsam begegnen und sie handlungsfördernd umformulieren.

Einige Selbstgespräche können unsere Aufmerksamkeit vom gegenwärtigen Moment weglenken sowie irrationale Selbstbewertungen oder Annahmen über uns selbst enthalten, von denen wir uns vereinnahmen lassen. Diese können über eine achtsame Haltung neutralisiert werden, indem wir Defusion üben. Wir können den Inhalten der Selbstgespräche nicht-wertend begegnen und uns dadurch von ihnen distanzieren. Über Selbst-als-Kontext kann eine Perspektive eingenommen werden, aus welcher Selbstgespräche nicht als Wahrheit betrachtet werden, sondern nur als Worte und Konstruktionen.

Wie im Alltag auch kann es im Extremsport vorkommen, dass spontane oder organische Selbstgespräche auftauchen, die so nicht vorhersehbar waren. *„Was wäre, wenn ich jetzt das Gleichgewicht verlieren würde?"* oder *„Habe ich das Licht ausgemacht?"* Beim Bezahlen an der Supermarktkasse mag das nur geringfügige Auswirkungen haben. Anders auf der Big Wave, an der Felswand oder beim Downhill Mountainbiking kurz vor dem Sprung. Achtsam mit Selbstgesprächen umzugehen bedeutet, sich darauf einzustellen, dass solche Selbstgespräche vorkommen können. Ihr Auftreten ist weder kontrollier- noch vermeidbar, sondern normal. Stattdessen können sie mit einer akzeptierenden Haltung beobachtet werden, ohne die Inhalte der Selbstgespräche zu verurteilen. Ebenfalls gilt, dass aus achtsamer Perspektive Selbstgespräche nicht zwingend in negativ und positiv eingeteilt werden. Warum ist die Unterteilung in positive und negative Inhalte wenig funktional? Zum einen ist diese Unterteilung subjektiv. Überzogene Motivation, hohe Eigenansprüche und die Überschätzung eigener Fertigkeiten, die im Selbstgespräch auftauchen können, können sich zwar in positiven Selbstgesprächen äußern, aber trotzdem hinderlich für die eigene Leistung sein. Hingegen können negative Selbstgespräche im Sinne von Sorgen oder Zweifel auch auf Gefahren in einer Situation hinweisen, unsere Aufmerksamkeit auf kritische Aspekte in der Situation oder dem Bewegungsablauf umlenken oder auf mangelhafte Fertigkeiten hinweisen. Im Gegensatz dazu ist eine Unterteilung der Selbstgespräche und ihrer Inhalte in hilfreich und weniger hilfreich oder folgenreich und folgenlos, z. B. für die sportliche Handlung oder unser Wohlbefinden in der jeweiligen sportlichen Situation, sinnvoll. Welche Selbstgespräche und Gedanken sind in meiner sportlichen Situation relevant? Womit kann ich arbeiten? Durch Achtsamkeit können wir ein größeres Bewusstsein für unsere Selbstgespräche schaffen.

3.6 Umgang mit Angst aus achtsamer Perspektive: Angst und sportliche Leistung

Angst ist ein Gefühl, das alle SportlerInnen kennen, aber die meisten als unangenehm erleben (Frenkel et al., 2017). Bei den meisten SportlerInnen führt eine hohe Zustandsangst zu einem Abfall der sportlichen Leistung. Übersteigerte Zustandsangst kann sogar in Handlungsunfähigkeit münden, was im Extremsport schwerwiegende Konsequenzen (s. Kap. 2) haben kann (Mesagno & Beckmann, 2017). Ist nun das Gefühl Angst tatsächlich schlecht? Viele Theorien und

Modelle versuchen, den Zusammenhang von Angst und Leistung zu erklären. Stressforscher sehen Stress und Angst in Zusammenhang mit einer psychophysiologischen Reaktion, die sich auch im Aktivierungsniveau einer Person niederschlägt (Lazarus & Folkman, 1984). Ein klassisches, einfaches Modell beschreibt die Beziehung zwischen Aktivierung und Leistung mit einer umgekehrt u-förmigen Funktion (Yerkes & Dodson, 1908). Sportliche Leistung fällt umso besser aus, je mehr die körperliche Aktivierung steigt. Jedoch gilt dies nur, bis ein optimales Aktivierungsniveau erreicht ist. Ab diesem Wendepunkt führt eine weitere Steigung der Aktivierung zu einer Leistungsverschlechterung. Zusammenfassend lässt sich festhalten, dass es für jede Aufgabe ein individuell spezifisches optimales Aktivierungsniveau gibt, bei dem das Leistungsmaximum erreicht werden kann und, dass der Extremsport potenziell angstauslösende Aktivitäten und Situationen umfasst, die sich entsprechend auf die Ausübung der sportlichen Aufgabe auswirken können.

Achtsam in der Angst im Extremsport
Was sagen ExtremsportlerInnen selbst zum Umgang mit Angst? In einer Interviewstudie mit 15 ExtremsportlerInnen wurde der Zusammenhang zwischen riskanten Situationen im Extremsport und dem Erleben von Angst untersucht (Brymer & Schweitzer, 2012). Ziel der Studie war es, die individuellen Erfahrungen, die Motivation der Teilnehmenden und deren Auswirkungen bei der Ausübung von Extremsport besser zu verstehen. Die Analyse der Daten ergab, dass die SportlerInnen sich mit vier zentralen Bereichen auseinandersetzten:

1. Mit ihrer Erfahrung von Angst,
2. Mit ihrem Verhältnis zur Angst,
3. Mit ihrem Umgang mit der Angst sowie,
4. Mit der Angst und Transformation des Selbst.

Hinsichtlich der Erfahrung von Angst gaben alle ExtremsportlerInnen an, während der Ausübung ihrer Sportart mit dem Erleben von Angst vertraut zu sein.

Gleichzeitig berichteten sie, in Situationen, die bei ihnen Angst auslösen, besonders gut zu „funktionieren". Hinsichtlich ihres Verhältnisses zur Angst bewerteten sie das Gefühl als positiv und sprachen über Angst als produktives und überlebenswichtiges Element.

Im Umgang mit Angst scheinen ExtremsportlerInnen besonders gut darin zu sein, das Ausarten in Panik zu unterbinden. Paradoxerweise, so die Berichte, schaffen sie es, in Grenzsituationen sogar zu entspannen. Sie gaben an, dass ihre Angst ihnen ein klareres Urteil über die Situation ermögliche und dadurch eine Meta-Perspektive eingenommen werde, durch die eine angstauslösende Situation kontrollierbar werde. Schlussendlich fanden Brymer und Schweitzer in der Studie heraus, dass Angst sogar zu einer Transformation des Selbst führen kann. SportlerInnen erleben hochgradig positive Gefühle, wenn sie bemerken, dass sie zwar Angst empfinden, aber konstruktiv mit ihr umgehen können. Durch das Bewältigen einer Grenzsituation erleben ExtremsportlerInnen persönliche Verantwortlichkeit für ihre Reaktionen. Die erfolgreiche Angstregulation wird so mit Gefühlen von Kontrolle, Einzigartigkeit und persönlicher Harmonie verbunden. Die Teilnehmenden berichteten, dass Angst ihr Leben im positiven Sinne verändere. So kann die Angst letztendlich doch als „der beste Freund des Extremsportlers" (Brymer & Schweitzer, 2012) bezeichnet werden, indem ein konstruktiver Umgang mit ihr nicht bedeutet, sie komplett auszulöschen, sondern sie als zugehörig zur Grundausstattung menschlicher Gefühle zu erleben und positiv und verantwortungsvoll mit ihr umzugehen. Dadurch kann sie in Grenzsituationen als Warnsignal dienen und helfen, derartige Situationen erfolgreich zu bewältigen und Leistung trotz widriger Umstände zu erbringen (Frenkel et al., 2017). Auch der Angst kann, wie anderen unangenehmen Bewusstseinsinhalten, im Extremsport achtsam und psychologisch flexibel begegnet werden.

Was wir von ExtremsportlerInnen lernen können

4

Achtsamkeit und Extremsport, mal ganz ehrlich: Hätten Sie zu Beginn dieses Buches nicht gedacht, dass dies ein Widerspruch ist? Kein Wunder, denn der stereotypische Extremsportler ist heute noch immer ein junger, männlicher Abenteurer, auf der Suche nach einem Adrenalinkick, den es nicht stört, sich gesellschaftlichen Normen zu widersetzen und verantwortungslos zu handeln, der sozial inakzeptable Risiken aufsucht und möglicherweise sogar das eigene Leben aufs Spiel setzt, wenn es darum geht, sich seiner sportlichen Leidenschaft hinzugeben (Brymer & Schweitzer, 2020; Elmes & Barry, 1999; Le Breton, 2000). Mit Achtsamkeit hingegen verbinden viele das Bild tiefenentspannter Menschen, die auf Yogamatten im Lotussitz meditieren und dabei der Alltagswelt entrückt zu sein scheinen.

Wieso sind wir, die Autorinnen, dann der Meinung, dass Achtsamkeit und Extremsport sich nicht ausschließen, sondern dass das Entwickeln eines achtsamen Mindsets für ExtremsportlerInnen sogar von hoher praktischer Relevanz sein kann?

4.1 Adreanline Zen – ein achtsames ExtremsportlerInnen-Mindset

Beim aufmerksamen Lesen der Berichte von ExtremsportlerInnen fällt auf, dass sie ihre Erfahrungen häufig in einer Art und Weise beschreiben, die wir im bisherigen Teil dieses Buches als Facetten der Psychologischen Flexibilität und damit als achtsamkeitsbasiert kennen gelernt haben. Die sechs Facetten des Hexaflex-Modells (Kontakt mit dem gegenwärtigen Moment, Defusion, Akzeptanz, Selbst als Kontext, Werte und engagiertes Handeln) werden wir hier als Bestandteile eines achtsamen Mindsets aufgreifen und auf den Extremsport beziehen, um zu

© Der/die Autor(en), exklusiv lizenziert an Springer Fachmedien Wiesbaden GmbH, ein Teil von Springer Nature 2023
M. O. Frenkel et al., *Mit Sportpsychologie durch Grenzsituationen:*, essentials, https://doi.org/10.1007/978-3-658-26852-7_4

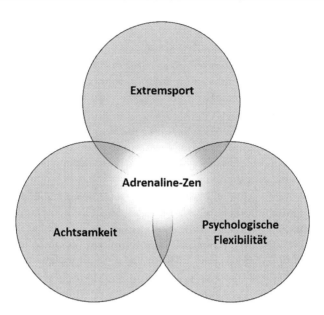

Abb. 4.1 Adrenaline Zen – die Basis des achtsamen ExtremsportlerInnen-Mindsets

demonstrieren, welchen Mehrwert das Mindset ExtremsportlerInnen bei der Ausübung ihrer sportlichen Leidenschaft bietet (s. Abb. 4.1). In Anlehnung an die
Forschung zum Extremsport von Eric Brymer und KollegInnen wird das achtsame ExtremsportlerInnen-Mindset als „Adrenaline Zen" bezeichnet (Brymer &
Schweitzer, 2017).

ExtremsportlerInnen berichten über Situationen beim Ausüben ihres Sports, in
denen ihnen der Kontakt mit dem gegenwärtigen Moment sehr gut gelingt. Hierbei scheinen sie über geschärfte Sinne zu verfügen und dadurch Details in nahezu
übernatürlicher Präzision und Geschwindigkeit wahrzunehmen. BASE-Jumperin
Priya beschreibt diese Sinneserfahrung im Interview mit folgenden Worten:

*„Dein Bewusstsein (…) erweitert sich enorm. Was wir normalerweise in einer Sekunde
wahrnehmen würden, ist sehr wenig im Vergleich zu dem, was wir in einer Sekunde bei
einem BASE-Jump wahrnehmen. Dein Verstand, damit du mit allem umgehen kannst,
was du tun musst, verlangsamt die Dinge, so dass, wenn du es tust, es sich wie in
Zeitlupe anfühlt."* (Brymer & Schweitzer, 2017, S. 15).

Diese Beschreibung verdeutlicht, wie geschult ExtremsportlerInnen darin sind, ihre Aufmerksamkeit auf aufgabenrelevante Reize zu richten und somit (Grenz-) Situationen in hochkonzentriertem Zustand zu meistern. In diesem Zustand, so berichten ExtremsportlerInnen, tritt alles andere in den Hintergrund, ist der Fokus alleinig auf die eine Sache gerichtet. Interessanterweise, so die Berichte, führt dieses extreme Fokussieren der Aufmerksamkeit dazu, dass Frieden und Ruhe empfunden werden (Brymer, 2017). Der Zustand, in dem der Geist selbst in Grenzsituationen durch Ausrichten klar und ruhig wird, ist derselbe, der durch meditative Achtsamkeitspraxis erreicht wird. George Mumford (2015), Achtsamkeitsexperte von Sportgrößen wie NBA-Basketballern und anderen High Performern, benennt dieses Phänomen sich in das „Auge des Sturms" *(eye of the hurricane)* zu begeben, wo inmitten des äußeren Durcheinanders geistige Stille und Klarheit eintritt. Das Ausüben von Extremsport bietet viele dieser Momente, die Aufmerksamkeit gezielt auf den gegenwärtigen Moment zu fokussieren. Das Auge des Sturms betreten zu können ist Ausdruck einer ausgeprägten Selbstregulationsfähigkeit und lediglich durch ausgiebiges Training zu erreichen. Studien haben gezeigt, dass niemand zum/zur ExtremsportlerIn geboren wird, sondern dass diese ihr Mindset durch jahrelanges, intensives und häufig sehr systematisches Training ihrer körperlichen und mentalen Fertigkeiten erwerben (Birrer et al., 2012; Brymer & Schweitzer, 2020).

Eine weitere Komponente des achtsamen Mindsets von ExtremsportlerInnen ist die Defusion: Die antrainierte Fertigkeit, Gedanken als das zu erkennen, was sie sind. Innere Monologe, die ExtremsportlerInnen unmittelbar vor Absprung beim BASE-Jumping, in der Anfahrt auf den Abfall beim Wildwasserfahren oder beim Drop-In im Free Skiing abspielen, beschreibt ein Free Solo Kletterer folgendermaßen:

> *„Es herrscht ein inneres Wirrwarr, bei dem ein Teil meines Verstandes sagt: ‚Tu das nicht, es ist verrückt, du könntest draufgehen!' und der andere Teil antwortet: ‚Nein, ich werde es tun!'"* (Brymer & Schweitzer, 2020, S. 145).

Nur, wenn es ExtremsportlerInnen gelingt, bewusst wahrzunehmen *(to notice)*, dass sie ablenkende oder katastrophisierende Gedanken haben und im nächsten Schritt diese als mentale Prozesse zu benennen *(to name)*, werden sie es schaffen, die extremen Herausforderungen überhaupt anzutreten. Ablenkende oder katastrophisierende Gedanken drehen sich in Grenzsituationen z. B. um Befürchtungen, was im schlimmsten Fall passieren könnte. Das Bennen dieser Gedanken könnte wie folgt ausfallen: *„Da ist mein Verstand als Problemlösemaschine gerade sehr aktiv und schickt mir lauter Bewertungen!"* Diese Menschen haben es über jahrelange, intensive Vorbereitung und zielorientiertes Training geschafft, wenn es drauf ankommt, hinter die Inhalte ihrer eigenen Gedanken zu schauen. Auch wenn diese nichts Gutes verheißen, z. B. *„Das geht nie!"*, so ermöglicht das Erkennen der Funktion dieses Gedankens, z. B. als Warnung, noch wacher und aktiver zu sein in der Anfahrt auf den Drop, sich zielführend zu verhalten und befähigt ExtremsportlerInnen dazu, erfolgreich die aufgesuchten Herausforderungen zu meistern.

Die wohl abstrakteste Facette des ACT-Hexaflex, Selbst-als-Kontext, die Fertigkeit, sich selbst beobachten zu können, ist ebenfalls Bestandteil des Mindsets, wie die folgende Schilderung einer BASE-Jumperin veranschaulicht:

> *„Plötzlich merkst du, dass du nicht dieser Körper bist. Du bist nicht diese Gedanken und du bist nicht dieser Teil von dir, der ständig über die Dinge schwätzt, die du nicht tun kannst. Du bist keines dieser Dinge; du bist so viel mehr als das. "*

(Brymer & Schweitzer, 2020, S. 145).

In Momenten intensiver Erfahrungen erleben ExtremsportlerInnen in Aktion, was es bedeutet, denkendes und beobachtendes Selbst unterscheiden zu können (Harris, 2020). Von außen betrachtet könnte man vermuten, dass diese SportlerInnen nur deshalb in der Lage sind, hochriskante und potenziell folgenschwere Aktivitäten durchzuführen, weil sie entweder keine Angst empfinden und sich furchtlos in ihre Abenteuer stürzen oder weil sie besonders gut darin sind, ihre Angst zu besiegen. Beides trifft nicht zu, denn in Interviews geben ExtremsportlerInnen durchaus auch an, intensive Angstzustände unmittelbar vor dem Start, dem Absprung oder der Abfahrt zu durchleben (Brymer & Schweitzer, 2020). Aber wie schaffen diese Menschen es dann trotz zittriger Beine, schwitzender Hände, rasender Gedanken und empfundener Angst in Grenzsituationen Unglaubliches zu vollbringen? Die Antwort auf diese Frage haben wir in Kap. 3 kennengelernt: Sie haben eingesehen, dass der Versuch, unangenehme körperliche Empfindungen, Gedanken und Gefühle zu vermeiden, verringern oder gar loswerden zu wollen zwangsläufig zum Scheitern verurteilt ist. Und dies paradoxerweise nicht, weil sie nicht intensiv genug versuchen, gegen dieses unangenehme innere Erleben anzukämpfen, sondern weil unsere evolutionär höchst sinnvolle „Sicherheit-geht-vor-Voreinstellung" unaufhaltsam und ununterbrochen neue, erschreckende Gedankeninhalte, unangenehme Gefühle und körperliche Signale produziert. Immerhin versucht unser Verstand unser Überleben zu sichern! Es ist die Einsicht achtsamer ExtremsportlerInnen, dass es also nicht ihre intensiven unangenehmen Erfahrungen sind, welche ihrem (Überlebens-) Erfolg im Wege stehen, sondern der Versuch, Kontrolle über diese zu erlangen (*eine Kontrollagenda verfolgen, control agenda;* Hayes et al., 2004). Es ist diese gelebte Erkenntnis, die es ExtremsportlerInnen erlaubt, ihr menschliches Potenzial in Grenzsituationen voll auszuschöpfen. In diesem Sinne ist das auf den ersten Blick passiv anmutende Aufgeben von Kontrolle (*eine Akzeptanzagenda einzunehmen, acceptance agenda;* Hayes et al., 2004) das genaue Gegenteil: Es ist ein mutiges Hinschauen und sich dem inneren Erleben Zuwenden!

Im achtsamen ExtremsportlerInnen-Mindest ist es folglich kein Ziel, Angst zu vermeiden, zu verringern oder am Auftreten zu hindern, wie es das Stereotyp des Risikomaximierers hätte vermuten lassen. Vielmehr haben erfolgreiche ExtremsportlerInnen gelernt, all ihre körperlichen Empfindungen, Gedanken und Gefühle wahrzunehmen, zu beobachten und trotz bzw. in Gegenwart dieser das zu tun, was für sie wichtig und sinnstiftend ist. Womit eine weitere Komponente benannt wird, die diese SportlerInnen extreme Umwelten aufsuchen lässt: Durch ihre langjährige, intensive gedankliche Auseinandersetzung und Vorbereitung entwickeln sie eine große Klarheit darüber, welche Sinnquellen der Extremsport ihnen bietet und welche persönlichen Werte sie durch ihn ausleben können. Geht es darum, sich lebendig zu fühlen, sich selbst besser kennenzulernen, intensive Gefühle zu erleben, Stolz zu empfinden, mit gleichgesinnten Menschen Zeit zu verbringen, sich mit der Natur verbunden zu fühlen? All dies sind Werte, die die Forschung als persönliche Beweggründe für das Ausüben von Extremsport identifiziert hat (Brymer & Schweitzer, 2020; Olsen, 2001; Willig, 2008). Aus ACT-Perspektive ist die Unterscheidung zwischen Zielen und Werten zentral. Während (sportliche) Ziele erreicht und damit gedanklich „abgehakt" werden können, bilden Werte die Richtschnur für unser Handeln. Letztere können aber niemals erreicht werden. Wir können in Einklang mit unseren Werten handeln und z. B. danach streben, möglichst authentisch, ehrlich oder mutig zu sein, jedoch sind Werte als Qualitäten unseres Handelns kein Endpunkt, an den es zu gelangen gilt. Vielmehr bieten Werte die Chance, durch engagiertes Handeln in jedem Moment aufs Neue gelebt und verwirklicht zu werden.

Aber sind sich ExtremsportlerInnen wirklich immer im Klaren darüber, was ihre persönlichen Werte sind und für was sie stehen wollen, wenn sie sich in höchste Gefahr begeben? Zweifeln diese Menschen denn nicht an sich selbst, wenn sie kurz davorstehen, sich den Abhang hinunterzustürzen? Immerhin haben wir ja erfahren, dass auch diese SportlerInnen sehr intensive, unangenehme Körperempfindungen, Gefühle und Gedanken erleben. Zudem zeigt die einschlägige Forschung, dass die Intensität ihrer (unangenehmen) Gefühle, wie beispielsweise Angst, nicht abnimmt, selbst wenn sie Grenzsituationen in der Vergangenheit schon erfolgreich bewältigen konnten (Brymer & Schweitzer, 2020) und sie extreme sportliche Herausforderungen sogar gezielt aufsuchen, um Angst zu verspüren (Woodman et al., 2015). Eine Metapher, die die sinnstiftende Funktion von Werten verdeutlicht, ist die eines Leuchtturms (Henriksen, 2019): Werte geben uns Orientierung und erlauben uns ein Weiterkommen auch bzw. gerade dann, wenn um uns herum ein rasanter Sturm herrscht und wir uns hilflos, unsicher und verloren fühlen. ExtremsportlerInnen suchen diese inneren Stürme bewusst auf, wenn sie sich in extreme Umwelten begeben. Mit einem flexiblen, achtsamen Mindset ausgestattet sind sie in der Lage, diese unbeständigen Umwelten adaptiv zu navigieren. *Adrenaline Zen* ist folglich die Kombination aus Achtsamkeit bzw. Psychologischer Flexibilität und Extremsport. Es ist ein Mindset, welches es ExtremsportlerInnen erlaubt, sich bewusst zu spüren, im gegenwärtigen Moment zu verorten und auszurichten, um im Einklang mit den eigenen Werten zu agieren und dadurch Sinn im eignen Tun zu empfinden, obwohl ihr momentanes inneres Erleben auch dagegensprechen kann.

Achtsame ExtremsportlerInnen haben gelernt, zu entscheiden, wann es Sinn macht an ihren (wertekonsistenten und sinnstiftenden) Zielen trotz momentaner, unangenehmer innerer Zustände festzuhalten und wann es besser ist, den eigentlichen Plan aufzugeben, beispielsweise, wenn die Umweltbedingungen nicht vorteilhaft sind. Es ist dieses Bemerken, bewusst entscheiden zu können, wie sie sich verhalten wollen, welches wir von ExtremsportlerInnen lernen können (vgl. Abb. 4.2)

4.2   Achtsamkeit im (sportlichen) Alltag üben: Choice Points erkennen

Um dies zu verdeutlichen, werden wir anhand des Choice Point (Harris, 2017; 2019), eines mittlerweile verbreiteten Modells in ACT, demonstrieren, wie es ExtremsportlerInnen gelingt, Momente zu identifizieren, in denen sie damit konfrontiert werden, eine Wahl zu treffen, die wertekonsistentes oder -inkonsistentes Verhalten zur Folge hat (s. Abb. 4.3). Ziel dieses Modells ist es, die Reaktivität auf innere Zustände zu reduzieren. Der Einsatz der Facetten des Hexaflex zeigt alternative Verhaltensantworten in einer Situation auf, vergrößert das Verhaltensrepertoire einer Person und erhöht somit deren Psychologische Flexibilität, auch außerhalb eines Extremsportkontextes. Zentral im Choice Point Modell sind die persönlichen Werte, auf die es sich hin zu bewegen bzw. mit denen es sich (wieder) zu verbinden gilt.

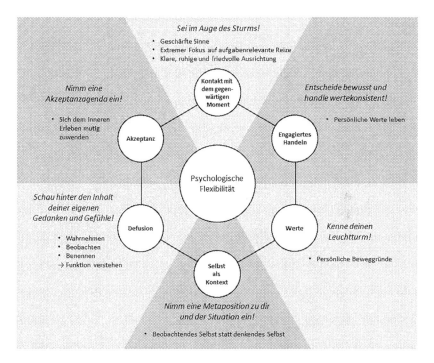

Abb. 4.2 Was wir von ExtremsportlerInnen lernen können

Dem Modell liegen die nachfolgenden Annahmen zugrunde:

- Einige unserer alltäglichen Handlungen bringen uns unseren Werten und damit dem Leben, das wir leben und der Person, die wir sein wollen, näher (Hin-zu-Bewegungen, *Towards Moves;* Harris, 2017, 2019).
- Andere Handlungen (Weg-von-Bewegungen, *Away Moves;* Harris, 2017, 2019), sorgen jedoch dafür, dass wir uns in die entgegengesetzte Richtung bewegen, uns von unseren Werten und dem Leben, das wir eigentlich führen wollen, entfernen.
- Der Grund für dieses werteinkonsistente Verhalten besteht darin, dass wir mit dem Inhalt unserer Gedanken oder Gefühle verschmelzen und uns von ihnen in Beschlag nehmen lassen. In Folge bestimmen diese, wie wir uns, metaphorisch

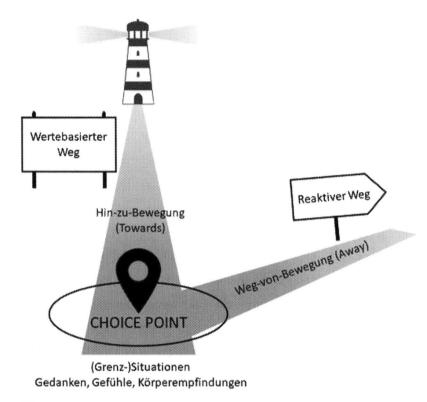

Abb. 4.3 Das Choice Point Modell (mod. nach Henriksen, 2019, S. 3)

gesprochen, an der Weggabelung des Choice Point stehend, verhalten: Bewegen wir uns zu unseren Werten hin oder schlagen wir die entgegengesetzte Richtung ein?

Stellen wir uns folgendes Szenario vor: Die 35-jährige Wildwasser-Kanutin Mette will als erste Frau den 40 m hohen Salto del Maule in Zentralchile befahren. Sie hat sich monatelang intensiv mental und physisch auf diese Unternehmung vorbereitet, die Reise minutiös geplant, das Material perfektioniert, den Drop mehrfach besichtigt, die beste Linie mit ihren BegleiterInnen besprochen und die Bewegungsabläufe immer wieder achtsam vor dem inneren Auge abgespielt. Gemeinsam mit ihrem Team hat Mette den komplizierten Transport (Abseilen

Abb. 4.4 Der Moment, in dem Mette sich für die Befahrung des Wasserfalls entschieden hat (mit freundlicher Genehmigung des Fotografen Matthias Weger)

des Bootes in ein auf dem Fußweg nicht zugängliches Tal) bewerkstelligt und ihr Begleitteam wartet nun zur Sicherung flussabwärts auf sie. Mette befindet sich in ihrem Kajak sitzend in dem letzten Kehrwasser oberhalb des Salto del Maule (Abb. 4.4).

Dies ist der Moment, in dem sie die Entscheidung für oder gegen die Befahrung treffen muss. Stellen wir uns nun zwei alternative Ausgänge des Szenarios vor:

- Szenario 1: Sie atmet tief ein, schließt für einen kurzen Moment die Augen, paddelt aus dem Kehrwasser auf die Kante des Drops zu, macht den geplanten kräftigen Schlag, um auf die Strömungszunge zu gelangen und fährt den Drop hinunter.
- Szenario 2: Sie atmet tief ein, schließt für einen kurzen Moment die Augen, traversiert zurück zum Ufer, steigt aus dem Boot und befährt den Drop nicht.

Aus der Beobachterperspektive lautet die Interpretation: In Szenario 1 hat Mette es geschafft, trotz ihres unangenehmen inneren Erlebens ihr Vorhaben umzusetzen. Bei Szenario 2 hat der Mut sie verlassen und ihre Angst sie davon abgehalten, den Drop wie geplant zu befahren. Aber ist diese Deutungsweise auch aus Mettes Sicht zutreffend? Wie hat sie selbst diese Grenzsituation empfunden? Der Choice Point kann helfen, das Verhalten von Mette aus ACT-Perspektive zu analysieren: Im Kehrwasser vor dem Drop stehend (Situation) verspürt Mette plötzlich große Angst. Sie fühlt sich zittrig im Boot, klein und schwach (Gefühle und körperliche Empfindungen) und bezweifelt (Gedanken), der Herausforderung gewachsen zu sein. Das innere Erleben ist äußerst unangenehm und Mette möchte es am liebsten sofort abstellen. Ihr ist nach Aufgeben und Weglaufen zumute – sie will der Situation schnellstmöglich entkommen!

Situation 1: Jedoch hat Mette mit Erfolg ein achtsames Mindset kultiviert und es durch jahrelanges Training geschafft, zu bemerken, wenn ihre Gedanken in Grenzsituationen rasen und ihr unmittelbares Empfinden sie zu reaktivem Verhalten verleiten will. Mette nimmt also achtsam und offen wahr, ist präsent, gibt den unangenehmen Gefühlen Raum und wendet sich bewusst dem zu, was sie als für sich wichtig identifiziert hatte: Am Choice Point begibt sie sich auf den wertebasierten Weg, setzt durch engagiertes und entschlossenes Handeln (Nutzen der vorbereiteten instruktionalen Selbstgespräche, um ihre Aufmerksamkeit auf eine präzise Anfahrt zu lenken, sie an kräftige Paddelschläge und das Einziehen des Kopfes vor dem Eintauchen zu erinnern) ihre Werte „mutig handeln" und „sich lebendig fühlen" in die Tat um und befährt den Drop, obwohl sie momentan aversive innere Zustände verspürt. Mettes persönlicher Leuchtturm gab ihr in all dem Gedankenrasen, inmitten des inneren Tumults die Orientierung, ihre Energie nicht in den vergeblichen Versuch zu stecken, diesen Sturm zu besänftigen, sondern forderte sie auf, ihre Werte aktiv und engagiert zu leben und dadurch langfristig ein reiches und erfülltes Leben zu führen! (Wir erinnern uns: Ein Leuchtturm ist immer dann besonders gut zu erkennen, wenn es um ihn herum sehr dunkel und das Meer sehr wild ist.)

Situation 2a: Mette ist (noch) nicht geschult genug darin, sich achtsam wahrzunehmen und psychologisch flexibel die vielfältigen Handlungsoptionen zu sehen, die sich ihr am Choice Point anbieten. Stattdessen bestimmen ihre momentanen unangenehmen Gedanken, Gefühle und körperlichen Empfindungen ihr Verhalten und schicken sie auf den reaktiven, vermeidungsgetriebenen Weg. Mit Abbruch des Vorhabens entkommt Mette ihrem inneren Sturm und verspürt kurzfristige Erleichterung. Zu welchem Preis jedoch? Sie hat ihr wertbezogenes Ziel, ihr Extremsportprojekt zu verwirklichen, nicht erreicht. Die reaktive Weg-von-Bewegung, die für das Aufgeben ihres Projektes steht, hat langfristig also große Auswirkungen auf Mette, für die der Extremsport in hohem Maße sinn- und identitätsstiftend ist.

Situation 2b: Mette bemerkt, dass ihr aversives inneres Erleben sie vom Befahren des Drops abhalten will. Durch ihre antrainierten Achtsamkeitsfertigkeiten gelingt es ihr, Kontakt mit dem gegenwärtigen Moment aufzunehmen. So sucht sie beispielsweise in ihrem Körper die Stelle, an der sie ihren Atem spürt und versucht, sich durch Defusion vom Gedankeninhalt *„Ah, hier ist wieder meine ‚Dafür-bist-du-nicht-gemacht!'-Geschichte, die kenne ich doch!"* zu lösen. An dieser Stelle – nämlich genau am Choice Point – betritt Mette den Raum, in dem sie verschiedene Handlungsoptionen erkennt. Durch ihre Achtsamkeits- und Akzeptanzfertigkeiten hat sie gelernt, eine Lücke zwischen Reiz und (ihrer) Reaktion zu sehen, die es ihr ermöglicht, psychologisch flexibel zu sein. Sie ist nun in der Lage, zu wählen, wie sie handelt! Mette erinnert sich aktiv daran, weshalb dieses Projekt so bedeutsam für sie ist, denn z. B. „mutig handeln" und „sich lebendig fühlen" sind für sie Lebensorientierungen, die Mette durch ihren Extremsport verfolgt und damit sinnerfüllend sind. Jedoch hat Mette bei der Besichtigung des Drops erkannt, dass der Regen am Vortag viel Gehölz in den Flusslauf gespült hat und die Gefahr besteht, dass sich unter Wasser nicht erkennbare Äste im Pool am Fuße des Salto del Maule verhakt haben. Diese Äste könnten ihr Boot nach dem Eintauchen einkeilen, sodass sie nicht mehr an die Wasseroberfläche gelangen und ertrinken würde[1]. Mette wägt also das Risiko bewusst ab und vollzieht am Choice Point eine Hin-zu-Bewegung in Richtung alternativer Sinnquellen und Werte in ihrem Leben: Sie denkt daran, „eine liebevolle und präsente Mutter" sein zu wollen und trifft die bewusste Entscheidung, die Befahrung nicht zu versuchen, um sich nicht unnötig in Todesgefahr zu bringen. Während der Abbruch von Mette also von außen wie ein Scheitern aussehen mag, ist es ein Ausdruck höchster Psychologischer Flexibilität, denn alternative wertebasierte Wege zu erkennen und damit vielfältig handlungsfähig zu werden, war für sie nur dank ihres achtsamen ExtremsportlerInnen-Mindsets möglich.

　　Diese fiktive Grenzsituation mag extrem sein – immerhin besteht die Möglichkeit, dass die Befahrung tödlich endet. Die Entscheidung, die die Extremsportlerin zu treffen hat, ist demnach eine schwerwiegende. Im Freizeitsport sind AkteurInnen mit weniger folgenreichen Entscheidungen konfrontiert, wenn es z. B. um die Wahl der morgendlichen Laufrunde geht. Choice Points können auch weniger offensichtlich sein, beispielsweise wenn es darum geht, im Alltagsstress nicht reflexartig mit Geschrei auf ungezogenes Verhalten des eigenen Kindes zu reagieren, sondern zu bemerken, dass dies ein automatisches Reagieren und werteinkonsistentes Verhalten wäre, welches langfristig zur Schädigung der liebevollen Beziehung führen könnte.

---

[1] Ertrinken aufgrund von Einkeilen des Bootes ist eine häufige Todesursache im Extreme Kayaking.

Was wir als „normale" Menschen also von achtsamen ExtremsportlerInnen lernen können, ist, unsere eigenen kleinen Grenzsituationen im Alltag zu erkennen und achtsam zu bemerken, dass es sich um Choice Points handelt, an denen wir die Wahl zwischen verschiedenen Alternativen haben. Wege, die uns erlauben, die Dinge mit Leidenschaft und Inspiration zu leben, die uns wichtig sind im Leben. Für ExtremsportlerInnen kann dies bedeuten, sich immer wieder in Grenzsituationen zu begeben, die intensives Erleben und Leben bereithalten, jedoch durch Achtsamkeit und Psychologische Flexibilität bewusst und erfolgreich bewältigt werden können.

Was Sie aus diesem *essential* mitnehmen können

- Extrem zu sein und achtsam zu sein sind keine Gegensätze, vielmehr gehen sie Hand in Hand!
- Achtsamkeit erfordert viel Übung und gründliche Vorbereitung!
- Wir alle können uns bewusst mental in herausfordernde Situationen begeben, um extreme körperliche Empfindungen, Gedanken und Gefühle nachzuerleben und uns mit ihnen auseinanderzusetzen, anstatt ihnen aus dem Weg zu gehen!
- Das Zurücktreten und Gefühle Beobachten eignet sich generell in vielen Alltagssituationen, die stressig und herausfordernd sind!
- Von ExtremsportlerInnen können wir außerdem lernen, dass wir alle extrem achtsam sein können, indem wir in unserer eigenen Lebenswelt unsere persönlichen Choice Points erkennen!

© Der/die Herausgeber bzw. der/die Autor(en), exklusiv lizenziert an Springer
Fachmedien Wiesbaden GmbH, ein Teil von Springer Nature 2023
M. O. Frenkel et al., *Mit Sportpsychologie durch Grenzsituationen:*, essentials,
https://doi.org/10.1007/978-3-658-26852-7

Literatur

Alves, H., Unkelbach, C., Burghardt, J., Koch, A. S., Krüger, T., & Becker, V. D. (2015). A density explanation of valence asymmetries in recognition memory. *Memory & Cognition, 43*(6), 896–909. https://doi.org/10.3758/s13421-015-0515-5

Baetzner, A., Wespi, R., Hill, Y., Gyllencreutz, L., Sauter, T. C., Saveman, B.-I., Mohr, S., Regal, G., Wrzus, C., & Frenkel, M. O. (2022). Preparing medical first responders for crises: A systematic literature review of disaster training programs and their effectiveness. *Scandinavian Journal of Trauma Resuscitation and Emergency Medicine, 30*, 76. https://doi.org/10.1186/s13049-022-01056-8

Balanche, C. [@cam.bal]. (04.08.2022a). *not what I wanted to share after this first day of practice but I crashed on my shoulder and broke.* [Video]. Instagram. https://www.instagram.com/p/Cg2db6jAy31/

Balanche, C. [@cam.bal]. (13.08.2022b). *Day 5 after surgery pretty happy with the progress, still struggling with my pectoralis which means no push up so.* [Video]. Instagram. https://www.instagram.com/p/ChNF3DuAwIn/

Balanche, C. [@cam.bal]. (21.08.2022c). *Week number 2 of rehab is in the book! Everything is going well and I'm starting to do more MTB.* [Video]. Instagram. https://www.instagram.com/p/Chh_FulgNDG/

Balanche, C. [@cam.bal]. (24.08.2022d). *Did 3 runs this morning and it was sick! So happy I'm able to ride, still far from fast and.* [Video]. Instagram. https://www.instagram.com/tv/ChpaOgDAHDb/?igshid=YmMyMTA2M2Y=

Birrer, D., Röthlin, P., & Morgan, G. (2012). Mindfulness to enhance athletic performance: Theoretical considerations and possible impact mechanisms. *Mindfulness, 3*(3), 235–246. https://doi.org/10.1007/s12671-012-0109-2

Bowers, J. (2017). Flow and peak experiences. In G. R. Elkins (Hrsg.), *Handbook of medical and psychological hypnosis: Foundations, applications, and professional issues* (S. 559–563). Springer.

Breivik, G. (1999). *Empirical studies of risk sport.* Norettshogkole.

Brymer, E. (24.3.2017). *Adrenaline zen: What 'normal people' can learn from extreme sports.* The conversation. https://theconversation.com/adrenaline-zen-what-normal-people-can-learn-from-extreme-sports-72944

Brymer, E., & Schweitzer, R. (2013). Extreme sports are good for your health: A phenomeno-logical understanding of fear and anxiety in extreme sport. *Journal of Health Psychology, 18*(4), 477–487. https://doi.org/10.1177/1359105312446770

Brymer, E., & Houge Mackenzie, S. (2017). Psychology and the extreme sport experience. In F. Feletti (Hrsg.), *Extreme Sports Medicine* (S. 3–13). Springer International Publishing. https://doi.org/10.1007/978-3-319-28265-7_1

Brymer, E., & Schweitzer, R. (2020). *Phenomenology and the extreme sport experience.* Routledge. https://doi.org/10.4324/9781315661643

Bühlmayer, L., Birrer, D., Röthlin, P., Faude, O., & Donath, L. (2017). Effects of mindful-ness practice on performance-relevant parameters and performance outcomes in sports: A meta-analytical review. *Sports Medicine, 47*(11), 2309–2321. https://doi.org/10.1007/s40279-017-0752-9

Derakshan, N., & Eysenck, M. W. (2009). Anxiety, processing efficiency, and cognitive per-formance: New developments from attentional control theory. *European Psychologist, 14*(2), 168–176. https://doi.org/10.1027/1016-9040.14.2.168

Eberspächer, H. (2019). *Mentales Training: Ein Handbuch für Trainer und Sportler* (7., durchges. NA). Copress Sport.

Elmes, M., & Barry, D. (1999). Deliverance, denial, and the death zone: A study of nar-cissism and regression in the May 1996 Everest climbing disaster. *Journal of Applied Behavioral Science, 35*(2), 163–187. https://doi.org/10.1177/0021886399352003

Engbert, R., Mergenthaler, K., Sinn, P., & Pikovsky, A. (2011). An integrated model of fixational eye movements and microsaccades. *Proceedings of the National Academy of Sciences, 108*(39), E765–E770. https://doi.org/10.1073/pnas.1102730108

Ericsson, K. A., & Hagemann, N. (2007). Der „Expert-Performance-Approach "zur Erklä-rung von sportlichen Höchstleistungen: Auf der Suche nach deliberate practice zur Stei-gerung der sportlichen Leistung. In N. Hagemann, M. Tietjens, & B. Strauß (Hrsg.), *Psychologie der sportlichen Höchstleistung* (S. 17–39). Hogrefe Verlag GmbH & Co. KG.

Frenkel, M. O., Brokelmann, J., Nieuwenhuys, A., Heck, R. B., Kasperk, C., Stoffel, M., & Plessner, H. (2019). Mindful sensation seeking: An examination of the protective influ-ence of selected personality traits on risk sport-specific stress. *Frontiers in Psychology, 10*, Artikel 1719. https://doi.org/10.3389/fpsyg.2019.01719

Frenkel, M. O., Giessing, L., Egger-Lampl, S., Hutter, V., Oudejans, R. R. D., Kleygrewe, L., Jaspaert, E., & Plessner, H. (2021). The impact of the COVID-19 pandemic on European police officers: Stress, demands, and coping resource. *Journal of Criminal Justice, 72*, Artikel 101756. https://doi.org/10.1016/j.jcrimjus.2020.101756

Frenkel, M. O., Giessing, L., Jaspaert, E., & Staller, M. (2021). Mapping demands: How to prepare police officers to cope with pandemic-specific stressors. *European Law Enforce-ment Research Bulletin, 21*, 11–22.

Frenkel, M. O., Giessing, L., & Plessner, H. (2017). Die Angst, mein bester Freund?! *Kanu Magazin, 3*, 62–96.

Frenkel, M. O., Heck, R.-B., & Plessner, H. (2018). Cortisol and behavioral reaction of low and high sensation seekers differ in responding to a sport-specific stressor. *Anxiety, Stress, and Coping, 31*(5), 1–14. https://doi.org/10.1080/10615806.2018.1498277

Frenkel, M. O., Krupop, C., & Voigt, L. (18–20.05.2023). *Die statische Apnoe-Tauchaufgabe für AthletInnen (SATA): Ein Paradigma zur Erfassung der psychologischen Flexibilität in extremen Umwelten* [Symposium]. 55. Jahrestagung der Arbeitsgemeinschaft für Sportpsychologie (asp), Stuttgart.

Frenkel, M. O., Laborde, S., Rummel, J., Giessing, L., Kasperk, C., Heck, R. B., Plessner, H., & Strahler, J. (2019). Heidelberg Risk Sport-Specific Stress Test: A paradigm to investigate the risk sport-specific psycho-physiological arousal. *Frontiers in Psychology, 10*, 1–13. https://doi.org/10.3389/fpsyg.2019.02249

Frenkel, M. O., Pollak, K., Schilling, O., Voigt, L., Fritzsching, B., Wrzus, C., Egger-Lampl, S., Merle, U., Weigand, M. A., & Mohr, S. (2022). Stressors faced by healthcare professionals and coping strategies during the early stage of the COVID-19 pandemic in Germany. *PLoS ONE, 17*(1), Artikel e0261502. https://doi.org/10.1371/journal.pone.0261502

Fritsch, J., Latinjak, A. T., & Hatzigeorgiadis, A. (2021). Self-talk and emotions in sport. In M. C. Ruiz & C. Robazza (Hrsg.), *Feelings in sport: Theory, research, and practical implications for performance and well-being* (S. 120–130). Routledge/Taylor & Francis Group. https://doi.org/10.4324/9781003052012-14

Gardner, F. L., & Moore, Z. E. (2012). Mindfulness and acceptance models in sportpsychology: A decade of basic and applied scientific advancements. *Canadian Psychology, 53*(4), 309–318. https://doi.org/10.1037/a0030220

Gerwann, S., Mertens, A. Domes, G., von Dawans, B., & Frenkel, M. O. (18–20.05.2023). *Investigating stress with high-risk sport in virtual reality: A pilot study* [Posterpräsentation]. 55. Jahrestagung der Arbeitsgemeinschaft für Sportpsychologie (asp), Stuttgart.

Giessing, L., Frenkel, M. O., Zinner, C., Rummel, J., Nieuwenhuys, A., Kasperk, C., Brune, M., Engel, F. A., & Plessner, H. (2019). Effects of coping-related traits and psychophysiological stress responses on police recruits' shooting behavior in reality-based scenarios. *Frontiers in Psychology, 10*, Artikel 1523. https://doi.org/10.3389/fpsyg.2019.01523

Giessing, L., Oudejans, R. R. D., Hutter, V., Plessner, H., Strahler, J., & Frenkel, M. O. (2020). Acute and chronic stress in daily police service: A three-week N-of-1 study. *Psychoneuroendocrinology, 122*, Artikel 104865. https://doi.org/10.1016/j.psyneuen.2020

Gloster, A. T., Klotsche, J., Ciarrochi, J., Eifert, G., Sonntag, R., Wittchen, H. U., & Hoyer, J. (2017). Increasing valued behaviors precedes reduction in suffering: Findings from a randomized controlled trial using ACT. *Behaviour Research and Therapy, 91*, 64–71. https://doi.org/10.1016/j.brat.2017.01.013

Gubelmann, H., & Stoll, O. (2019). Optimierung der Bewegungsvorstellung und der Aufmerksamkeitsregulation. In K. Staufenbiel, M. Liesenfeld, & B. Lobinger (Hrsg.), *Angewandte Sportpsychologie für den Leistungssport* (S. 204–220). Hogrefe Verlag GmbH & Co. KG.

Haack, F. (2020). Hilaree Nelson und Jim Morrison im Interview: „Es ist wie eine Sucht". *Bergsteiger.* https://planetoutdoor.de/wissen/interviews-portraets-und-report+agen/hilaree-nelson-und-jim-morrison-im-interview-es-ist-wie-eine-sucht

Harris, R. (2009). *ACT made simple: An easy-to-read primer on acceptance and commitment therapy.* New Harbinger Publications.

Harris, R. (2017). *The choice point 2.0: A brief overview* [PowerPoint Folien]. ACT Mindfully. https://www.actmindfully.com.au/free-stuff/worksheets-handouts-book-chapters/

Harris, R. (2020). *ACT leicht gemacht: Der Leitfaden für die Praxis der Akzeptanz- und Commitment-Therapie*. Erweiterte und überarbeitete Neuausgabe: Arbor Verlag.

Hatzigeorgiadis, A., Zourbanos, N., Galanis, E., & Theodorakis, Y. (2011). Self-talk and sports performance: A meta-analysis. *Perspectives on Psychological Science: A Journal of the Association for Psychological Science, 6*(4), 348–356. https://doi.org/10.1177/174 5691611413136

Hayes, S. C., Barnes-Holmes, D., & Roche, B. (2001). *Relational frame theory: A post-Skinnerian account of human language and cognition*. Springer Science & Business Media.

Hayes, S. C., Luoma, J. B., Bond, F. W., Masuda, A., & Lillis, J. (2006). Acceptance and commitment therapy: Model, processes and outcomes. *Behaviour Research and Therapy, 44*(1), 1–25. https://doi.org/10.1016/j.brat.2005.06.006

Hayes, S. C., Strosahl, K., Wilson, K. G., Bissett, R. T., Pistorello, J., Toarmino, D., Polusny, M. A., Dykstra, T. A., Batten, S. V., Bergan, J., Stewart, S. H., Zvolensky, M. J., Eifert, G. H., Bond, F. W., Forsyth, J. P., Karekla, M., & McCurry, S. M. (2004). Measuring experiential avoidance: A preliminary test of a working model. *The Psychological Record, 54*(4), 553–578. https://doi.org/10.1007/BF03395492

Hegarty, J., & Huelsmann, C. (2020). *ACT in sport: improve performance through mindfulness, acceptance, and commitment*. Dark River.

Hempsall, V. (2017, December 4). An interview with the World´s Best BASE Jumper. *Mountain Culture Group*. https://mountainculturegroup.com/worlds-best-base-jumper-interview/

Henriksen, K. (2019). The values compass: Helping athletes act in accordance with their values through functional analysis. *Journal of Sport Psychology in Action, 10*(4), 199–207. https://doi.org/10.1080/21520704.2018.1549637

Hill, Y., Lücke, A,. Baetzner, A. Mohre, S. Fiedler, M., Merle, U. Popp, E. Frenkel, M. O., & Wrzus, C. (under review). Handling the challenges of pandemic work-demands: Rumination, self-efficacy, and leisure activities predict recovery from work-related stress in frontline medical professionals. *Journal of Occupational Health Psychology*.

Honnold, A. & Roberts, D. (2019). *Alone on the wall* (rev. ed.). Pan Macmillan.

Jackman, P. C., Hawkins, R. M., Burke, S. M., Swann, C., & Crust, L. (2020). The psychology of mountaineering: A systematic review. *International Review of Sport and Exercise Psychology*, 1–39. https://doi.org/10.1080/1750984X.2020.1824242

Janelle, C. M. (1999). Ironic mental processes in sport: Implications for sport psychologists. *The Sport Psychologist, 13*(2), 201–220. https://doi.org/10.1123/tsp.13.2.201

Josefsson, T., Ivarsson, A., Lindwall, M., Gustafsson, H., Sterling, A., Böröy, J., Mattsson, E., Carnebratt, J., Sevholt, S., & Falkevik, E. (2017). Mindfulness mechanisms in sports: Mediating effects of rumination and emotion regulation on sport-specific coping. *Mindfulness, 8*(5), 1354–1363. https://doi.org/10.1007/s12671-017-0711-4

Kabat-Zinn, J. (1990). *Full catastrophe living: Using the wisdom of your body and mind to face stress, pain, and illness*. Delta.

Kabat-Zinn, J. (2015). Mindfulness. *Mindfulness, 6*, 1481–1483. https://doi.org/10.1007/s12 671-015-0456-x

Knudsen, E. I. (2007). Fundamental components of attention. *Annual Review of Neuroscience, 30*, 57–78. https://doi.org/10.1146/annurev.neuro.30.051606.094256

Köhler, B. (2020). „Ja, das ist genau meine Welt irgendwie" Stressoren, Bewältigungsressourcen und Persönlichkeitsmerkmale eines polizeilichen Personenschützers in Afghanistan – eine qualitative Einzelfallstudie [Unveröffentlichte Bachelorarbeit]. Psychologisches Institut: Universität Heidelberg.

Kopp, M., Wolf, M., Ruedl, G., & Burtscher, M. (2016). Differences in sensation seeking between alpine skiers, snowboarders and ski tourers. Journal of Sports Science & Medicine, 15(1), 11–16.

Latinjak, A. T., Hatzigeorgiadis, A., & Zourbanos, N. (2017). Goal-directed and spontaneous self-talk in anger- and anxiety-eliciting sport-situations. Journal of Applied Sport Psychology, 29(2), 150–166. https://doi.org/10.1080/10413200.2016.1213330

Latinjak, A. T., Hatzigeorgiadis, A., Comoutos, N., & Hardy, J. (2019). Speaking clearly … 10 years on: The case for an integrative perspective of self-talk in sport. Sport, Exercise, and Performance Psychology, 8(4), 353–367. https://doi.org/10.1037/spy0000160

Lazarus, R. S., & Folkman, S. (1984). Coping and adaptation. In W. D. Gentry (Hrsg.), The handbook of behavioral medicine (S. 282–325). Guilford.

Le Breton, D. (2000). Playing symbolically with death in extreme sports. Body & Society, 6(1), 1–11. https://doi.org/10.1177/1357034X00006001001

Linssen, L., Landman, L., van Baardewijk, J. U., Bottenheft, C. & Binsch, O. (2022). Using accelerometry and heart rate data for real-time monitoring of soldiers' stress in a dynamic military virtual reality scenario. Multimedia Tools and Application, 81(17), 24739–24756. https://doi.org/10.1007/s11042-022-12705-6

Masters, R. S. (1992). Knowledge, knerves and know-how: The role of explicit versus implicit knowledge in the breakdown of a complex motor skill under pressure. British Journal of Psychology, 83(3), 343–358. https://doi.org/10.1111/j.2044-8295.1992.tb02446.x

Mayer, J., & Hermann, H.-D. (2015). Mentales Training: Grundlagen und Anwendung in Sport, Rehabilitation, Arbeit und Wirtschaft (3. Aufl.). Springer. https://doi.org/10.1007/978-3-662-46819-7

McEwan, D., Boudreau, P., Curran, T., & Rhodes, R. E. (2019). Personality traits of highrisk sport participants: A meta-analysis. Journal of Research in Personality, 79, 83–93. https://doi.org/10.1016/j.jrp.2019.02.006

McNamara, G. (2022). Les morsures de la mer. Paulsen.

Memmert, D. (2009). Pay attention! A review of visual attentional expertise in sport. International Review of Sport and Exercise Psychology, 2(2), 119–138. https://doi.org/10.1080/17509840802641372

Memmert, D., Klatt, S., & Kreitz, C. (2020). Wahrnehmung und Aufmerksamkeit im Sport. In J. Schüler, M. Wegner, & H. Plessner (Hrsg.), Sportpsychologie (S.15–42). Springer. https://doi.org/10.1007/978-3-662-56802-6_2.

Mesagno, C., & Beckmann, J. (2017). Choking under pressure: Theoretical models and interventions. Current Opinion in Psychology, 16, 170–175. https://doi.org/10.1016/j.copsyc.2017.05.015

Mumford, G. (2015). The mindful athlete: Secrets to pure performance. Parallax Press.

Nideffer, R. M. (1981). The ethics and practice of applied sport psychology. Mouvement publications.

Olsen, M. (2001). Women who risk: Profiles of women in extreme sports. Hatherleigh Press.

Olsson, C. J., & Nyberg, L. (2011). Brain simulation of action may be grounded in physical experience. Neurocase, 17(6), 501–505. https://doi.org/10.1080/13554794.2010.547504

Outside Inc. (21.10.2016). *Ryan Sandes, From Unintentional Marathoner to World-Class Trail Runner.* Trail Runner Magazine. https://www.trailrunnermag.com/people/qas-peo ple/ryan-sandes-from-unintentional-marathoner-to-world-class-trail-runner/

Paulus, M. P., Potterat, E. G., Taylor, M. K., Van Orden, K. F., Baumann, J., Momen, N., Padilla, G. A., & Swain, J. L. (2009). A neuroscience approach to optimizing brain resources for human performance in extreme environments. *Neuroscience and Biobehavioral Reviews, 33*(7), 1080–1088. https://doi.org/10.1016/j.neubiorev.2009.05.003

Peglau, A. (2018). Mythos Todestrieb – Über einen Irrweg der Psychoanalyse. *Psychotherapie im Dialog, 19*(02), 36–41. https://doi.org/10.1055/a-0556-1064

Rabenstein, A. (27.4.2021). Voll im Flow: Interview mit Multitalent Camille Balanche. *SPORTaktiv.com.* https://www.sportaktiv.com/voll-im-flow-interview-mit-multitalent-camille-balanche

Red Bull AG. (2019). Apnotauchen in Grönland mit Anna Boetticher (Staffel 1, Folge 4) [Webserie]. In Red Bull AG, *The red bulletin stories in motion.* https://www.redbull.com/ ch-de/episodes/stories-in-motion-s1-e5-2021

Röthlin P., Horvath, S., Birrer, D., & Grosse Holtforth, D. (2016). Mindfulness promotes the ability to deliver performance in highly demanding situations. *Mindfulness, 7*(3), 727–733. https://doi.org/10.1007/s12671-016-0512-1

Schüler, J., Wegner, M., & Plessner, H. (2020). *Sportpsychologie.* Springer. https://doi.org/ 10.1007/978-3-662-56802-6_2

Schweizer, K., Zimmermann, P., & Koch, W. (2000). Sustained attention, intelligence and the crucial role of perceptual processes. *Learning and Individual Differences, 12*(3), 271–286. https://doi.org/10.1016/S1041-6080(01)00040-1

Smith, R., Ptacek, J., & Smoll, F. (1992). Sensation seeking, stress, and adolescent injuries: A test of stress-buffering, risktaking, and coping skills hypotheses. *Journal of Personality and Social Psychology, 62*(6), 1016–1024. https://doi.org/10.1037/0022-3514.62.6.1016

Turner, M. J., Kirkham, L., & Wood, A. G. (2018). Teeing up for success: The effects of rational and irrational self-talk on the putting performance of amateur golfers. *Psychology of Sport and Exercise, 38,* 148–153. https://doi.org/10.1016/j.psychsport.2018.06.012

Uhlenbrock, F., Latinjak, A., & Frenkel, M. O. (18–20.05.2023). *Small talkers, tall talkers: A mixed-methods study of organic self-talk, sports performance and psycho-physiology in sixth-graders and their parents* [Symposium]. 55. Jahrestagung der Arbeitsgemeinschaft für Sportpsychologie (asp), Stuttgart.

Unkelbach, C., Fiedler, K., Bayer, M., Stegmüller, M., & Danner, D. (2008). Why positive information is processed faster: The density hypothesis. *Journal of Personality and Social Psychology, 95*(1), 36–49. https://doi.org/10.1037/0022-3514.95.1.36

Van Raalte, J. L., Vincent, A., & Brewer, B. W. (2016). Self-talk: Review and sport-specific model. *Psychology of Sport and Exercise, 22,* 139–148. https://doi.org/10.1016/j.psychs port.2015.08.004

Wegner, D. M. (1994). Ironic processes of mental control. *Psychological Review, 101*(1), 34–52. https://doi.org/10.1037/0033-295X.101.1.34

White, R. G., Bethell, A., Charnock, L., Leckey, S., & Penpraze, V. (2021). Acceptance and commitment approaches for athletes' wellbeing and performance. *Springer International Publishing.* https://doi.org/10.1007/978-3-030-64942-5

Willig, C. (2008). A phenomenological investigation of the experience of taking part in „extreme sports". *Journal of Health Psychology, 13*(5), 690–702. https://doi.org/10.1177/135 9105307082459

Woodman, W., Hardy, L., & Barlow, M. (22.05.2015). *Extreme athletes gain control through fear – and sometimes pay the price*. The conversation. https://theconversation.com/ext reme-athletes-gain-control-through-fear-and-sometimes-pay-the-price-42197

Yerkes, R. M., & Dodson, J. D. (1908). The relation of strength of stimulus to rapidity of habit formation. *Journal of Comparative Neurology & Psychology, 18*, 459–482. https://doi.org/10.1002/cne.920180503

Zuckerman, M. (1994). *Behavioral expressions and biosocial bases of sensation seeking*. Cambridge University Press.

Zuckerman, M. (1996). The psychobiological model for impulsive unsocialized sensation seeking: A comparative approach. *Neuropsychobiology, 34*(3), 125–129. https://doi.org/10.1159/000119303

Printed in the United States
by Baker & Taylor Publisher Services